Dominique Potard

Compagnons de cordée

Éditions Guérin

Dominique Potard

b

Compagnons de ~~c~~ordée

Éditions Guérin

Illustré par Dominique Potard.
Couverture :
***El Mallo Pisón* et *El Puro*,**
massif des *Mallos de Riglos*,
province de Huesca, Espagne.

À mon frère Denis,
et à son copain Roux,
mes premiers compagnons de cordée.

À Patrick Gillet,
avec qui j'ai découvert,
les mains moites et les tripes vissées,
Los Mallos de Riglos.

Remerciements

Je tiens à remercier tous les compagnons de cordée avec qui j'ai partagé ces heures d'errance parfois héroïques dans la montagne : le Belge (sans rancune), François, Philippe, les Allemands (en particulier Sandra), Jef, les Italiens, Boubouch, le professeur Shadoko, Bertrand, Jean-Pierre, Godasse, Brian, Guy, Bitos, Michel, Nœunœil, ma mère, mon père, mon oncle, mon frère, le chien... ainsi que les fabricants de corde.

Compagnons de bordée (1)

(1) Bordée : “nf, mar.: portion de route que parcourt un navire sans virer de bord. Fam.: tirer une bordée, faire une escapade à terre, en parlant des marins”. *Larousse de Poche.*
En montagne, le seul bord qui préoccupe les alpinistes, c’est celui du précipice. En ce qui concerne la seconde définition, us et coutumes des marins et des montagnards diffèrent peu.

Petit lexique technique

L'*alpinisme* est un jeu qui consiste à escalader des murailles plus ou moins hautes.
Pour éviter de tomber systématiquement jusqu'en bas, les alpinistes *s'encordent*, le plus souvent deux par deux, chacun à un bout de la corde.
Cette stratégie trouve son plein rendement quand la corde est reliée à la montagne par des *points d'assurance*. Ceux-ci vont du simple *anneau de corde* enfilé sur un bec de rocher, aux *coinceurs* de toutes formes, capables de se glisser dans les plus petites anfractuosités, en passant par les *pitons* que l'on plante dans les fissures, les *broches* qui se vissent dans la glace, voire à des moyens beaucoup plus radicaux, comme les *pitons à expansion* - couramment appelés spits - qui nécessitent de percer le rocher.

D'un point de vue éthique, quand ces points d'assurance ne sont utilisés que pour éviter au grimpeur de tomber, quand celui-ci, donc, ne progresse que grâce aux aspérités de la roche, on parle d'*escalade libre*. Sinon, d'*escalade artificielle*.

La mesure de la difficulté en escalade libre s'échelonne sur neuf *degrés* : le *premier degré* étant la marche, et le neuvième la marche au plafond.

En terrain difficile, les grimpeurs montent chacun leur tour. Le premier de cordée a le rôle le plus périlleux : sa survie dépend des points d'assurance et de la vigilance du *second de cordée*, qui l'*assure*, les deux mains prêtes à se bloquer sur la corde en cas de chute.
La corde est reliée aux points d'assurance par des *mousquetons*.
Après avoir gravi une *longueur de corde*, le premier de cordée s'arrête et installe un *relais*, où son compagnon va le rejoindre. Le confort des relais est très variable, allant du mur lisse et vertical - on dit que c'est un *relais suspendu* - à la plate-forme tout confort, le *relais trois châteaux*.

Les alpinistes ne se contentent pas de monter, ils descendent aussi.
Pas à cheval comme dans la chanson, mais à pied, usant de la technique du *rappel* lorsque la pente devient trop raide. Une corde spéciale, plus fine et deux fois plus longue, est alors fixée en double à un relais, corde le long de laquelle on se laisse glisser au moyen d'un *descendeur*. Parvenus au relais du

dessous, les grimpeurs *rappellent* la corde, tout simplement en tirant sur un des deux brins. Si le rappel s'effectue à l'aplomb d'une paroi surplombante, c'est-à-dire suspendu dans le vide sans toucher le rocher, il mérite l'appellation aérienne de *rappel en fil d'araignée.*

Entre les alpinistes, la corde peut tisser des amitiés durables, comme les pires embrouilles.
Le fait de s'encorder n'est pas un geste anodin. Une fois leur nœud bouclé, les protagonistes voient leur sort intimement lié. Les voici unis, pour le meilleur et pour le pire, devant Dieu et les parois verglacées, par un lien au moins aussi sacré que celui du mariage : le lien sacré de la *cordée.*

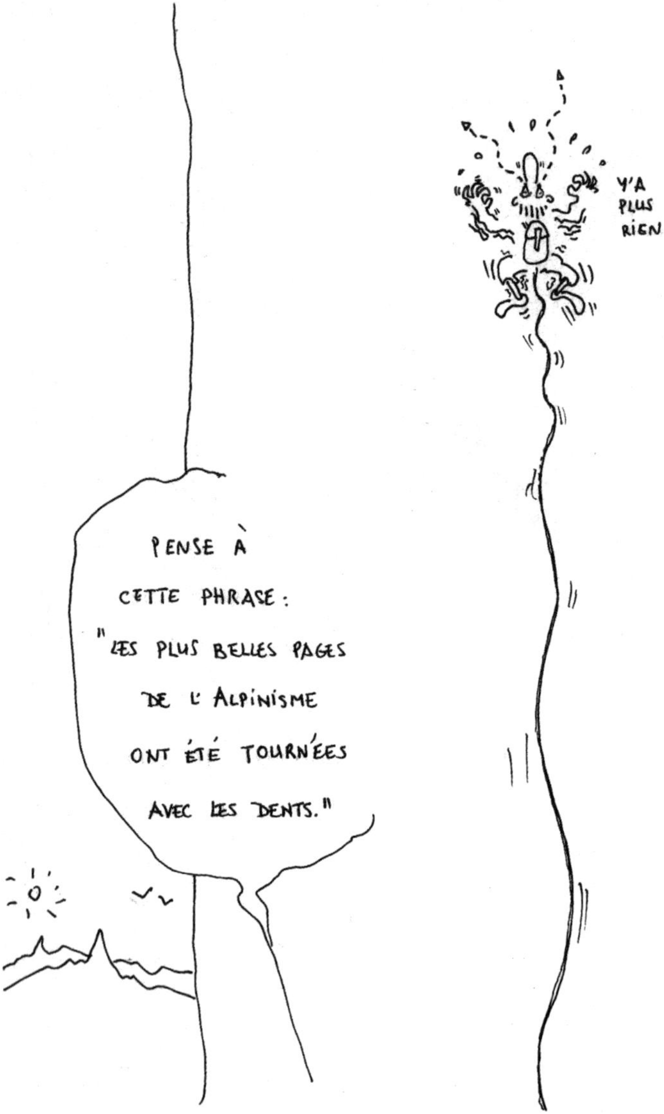
Y'A PLUS RIEN
PENSE À CETTE PHRASE : "LES PLUS BELLES PAGES DE L'ALPINISME ONT ÉTÉ TOURNÉES AVEC LES DENTS."

Eddy, roi de la montagne

La première personne avec qui je me sois encordé et que je ne connaissais pas était belge.

Depuis que j'avais lu les *Carnets du Vertige* de Louis Lachenal, mon avenir était tout tracé : je ne vivrais pas à Carpentras, son marché, ses fraises, ses berlingots, mais à Chamonix Mont-Blanc, capitale mondiale de l'alpinisme, où je serais guide, comme tous les gens qui vivent à Chamonix.

En attendant, je suivais un stage pour acquérir la qualification prestigieuse d'aide-moniteur bénévole d'alpinisme, dans un centre de vacances du côté de Briançon. Après une semaine de révision des techniques de base : la neige, la glace, le rocher, nous avions eu droit à un jour de repos. Une belle journée ensoleillée où tout le monde était parti grimper.

Je m'étais retrouvé associé au seul Belge de la formation, un petit rondouillard avec un fort accent, qui n'avait pas fait grosse impression lors de la séance d'escalade au rocher du Pantalon, mais qui se présentait lui-même comme “un alpiniste d’expérience”. Il avait décidé que nous irions faire la voie Davin à l’Aiguillette du Lauzet, une classique haute de deux cent cinquante mètres, au-dessus du Col du Lautaret. Le plus ancien de la bande nous ayant vaguement expliqué le cheminement de la voie depuis le bord de la route, concluant, selon la formule habituelle “de toute façon, c’est évident”, nous étions partis droit dans la pente.

Le soleil cognait dur et c’est la mine bien rougeaude que nous butâmes, une heure plus tard, contre la muraille.
- Cette marche, sais-tu, m’a terriblement fatigué ! me prévint aussitôt mon ruisselant mentor :
“... il ne saurait être question que je m’élance en tête de cordée !
Il s’était écroulé sur une grosse pierre et fouinait dans son sac.
Je descendis d’un trait la moitié de ma gourde.
- Sais-tu que c’est très mauvais de boire de l’eau après un tel effort ? tu vas finir l’estomac comme une barrique !... Es-tu déjà allé grimper à Freyr ?
J’avais vaguement entendu parler de cette falaise au bord de la Meuse.
- C’est autrement organisé qu’ici ! Là-bas, il y a un bar au sommet de la falaise !...

Il avait un petit rire, moitié grinçant des dents, assez désagréable.
- De toute manière, sais-tu, en montagne c'est comme en amour : rien ne vaut une bonne gueuse !
Il était visiblement content de sa trouvaille :
"... hé ! hé ! *La Gueuse* ! *La Gueuse Alambic* ! La meilleure bière du monde !
- T'es sûr que ça démarre ici ?...
La dalle au-dessus de nous ne m'inspirait pas grande confiance.
- Où veux-tu donc que ça démarre ? nous sommes bien au pied de la paroi, à ce qu'il me semble !
- Y'a pas de pitons...
D'un geste désabusé, mon compagnon me fit comprendre que son expérience lui avait appris à ne pas tenir compte de ce genre d'arguments :
- Mon pauvre ami, si tu crois qu'en montagne on trouve des pitons à tout bout de champ !
L'expression était bien choisie : le mur qui nous dominait était couvert de végétation. En plus, le rocher était d'une qualité épouvantable. Au bout d'une dizaine de mètres d'escalade, déstabilisé par l'impossibilité de mettre le moindre point d'assurance et la luxuriance de la végétation, j'émis de nouveaux doutes. Mon camarade me répondit d'un ton très assuré :
- C'est tout à fait logique !... Tu es bien trop à droite !

Bien que cela me parût encore moins engageant que là où j'étais, je gagnai, par une longue et délicate traversée ascendante, la partie gauche de la dalle, sorte de gravière verticale d'où s'échappaient de longs brins d'herbe qui me chatouillaient le nez et m'empêchaient de voir où je mettais les pieds. À vingt mètres du sol, un frisson d'horreur me parcourut l'échine quand je partis en charnière à cause d'une prise qui m'était restée dans la main. Une voix très calme monta de la base :
- Sais-tu ? tu es maintenant à l'évidence beaucoup trop à gauche, hein !

En proie à de petits tremblements, tout à fait conscient d'avoir dépassé le point de non retour, je me jetai dans une nouvelle traversée oblique, sur un terrain qui se révéla encore plus aléatoire.

L'usage veut qu'en escalade le second de cordée informe régulièrement son leader de la distance de corde encore disponible : "attention, plus que dix mètres", "... plus que cinq mètres", "... trois mètres", pour finir par annoncer "bout de corde". Cela permet au premier de cordée de s'arrêter à l'endroit le plus opportun pour installer son relais. J'allais découvrir que cet usage n'a pas cours en Belgique. Miraculeusement parvenu au bout de

mon raid kamikaze, mais très éprouvé sur le plan psychique, j'entendis :
- Bout de corde *absolu*.
Une brusque tension de la corde, au moment où j'essayais de me rétablir sur une misérable rampe herbeuse, confirma que ce n'était pas dit pour plaisanter :
- Donne-moi un mètre, vite !
- Bout de corde *absolu*, répéta sereinement la voix.
Une violente bouffée de chaleur me monta à la tête : m'obliger à faire à reculons mes derniers mètres d'escalade était aussi raisonnable que de demander à un perchiste de refaire son saut en marche arrière.
- MAIS MONTE UN PEU ! VITE !
- Inutile de se mettre dans des états pareils ! Je crois pourtant avoir été clair, une fois !... Quand je dis "bout de corde *absolu*" cela veut tout simplement dire "bout de corde *absolu*" ! Nous autres Belges n'avons pas coutume de prendre à la légère tout ce qui touche à la sécurité, hein !
J'étais déjà en train de tomber.
- ... DÉCORDE-TOI ! BOUGE ! FAIS QUELQUE CHOSE, B... DE M... !
- C'est bien les Français, ça !... c'est plus fort que vous !...vous ne pouvez pas vous empêcher de vous cabrer à la moindre anicroche !

Suivit un long moment de silence et d'incertaine immobilité.

Pchiii... Cramponné à mes brindilles, je risquai un œil vers le bas. Mon acolyte, une canette dans une main, une paire de jumelles dans l'autre, avait la tête tournée vers la route, dont on apercevait les lacets quatre cents mètres plus bas.
- Ah ! Les voilà ! lança-t-il joyeusement.
Une rumeur grandissante monta de la vallée : des cris, des coups de klaxon, le ronron caractéristique de motos de grosse cylindrée.
J'aperçus trois motards, suivis de quelques voitures colorées roulant à faible allure au beau milieu de la chaussée. Mon compagnon bondit sur place :
- C'est Eddy !... c'est Eddy qui est en tête !...
Un petit point jaune apparut, zigzaguant sur le bitume.
- Vas-y Eddy ! Allez la Belgique !...
Le peu de mou qu'il m'avait accordé en se levant me fit un bien considérable. Je parvins à me tapir sur le bord d'une petite vire. Je cherchai à adhérer au sol de tout mon corps, la joue écrasée sur les graviers.
- Zut, alors ! En voilà deux juste derrière... j'espère que c'est pas Ocaña, celui qui a le maillot

Bic... il est à moins de deux minutes, au général !
Ma plate-forme étant tout sauf plate, les gravillons roulant, je me sentais irrésistiblement déraper vers le vide.
- Ah !... voici les voitures des directeurs sportifs ! C'est bon signe, ça !... Ça veut dire qu'ils ont fait le trou !
Il fallait que je tente quelque chose, vite. Mon sursis n'était qu'une question de secondes.
- ... trente secondes !... ça fait précisément trente secondes qu'Eddy est passé.
De la main gauche, je cherchai fiévreusement un piton.
- Hé ! hé ! ça va faire mal, je te dis !
Le piton entre les dents, ma main droite courait sur mon baudrier à la recherche du marteau.
- Et voici le peloton !... une minute !... Ça fait exactement une minute d'avance pour Eddy !... qu'en dis-tu ? Ils sont morts !
Je tenais enfin mon marteau.
- Vois-tu la même chose que moi, une fois ? Les dégâts sont CONSIDÉRABLES !... Le peloton est déjà effiloché comme une vieille chaussette, hein !
Du menton, je creusai la terre sous mon nez pour atteindre le rocher.
- Et en voici un qui m'a l'air déjà bien fatigué !... Il a dû laisser des plumes dans l'Isoard !... Mais...

attends voir... avec ce maillot rouge et jaune... mais c'est Christian Van der Brucke... le meilleur grimpeur belge ! INCROYABLE !...
Quelques petits cailloux volèrent vers le bas.
- Doucement là-haut ! Attention à ma canette !... De toute façon, il faut bien le reconnaître, Van der Brucke, depuis le début de la saison, c'est plus le grand Kiki qu'on a connu !... Y'en a qui disent qu'il serait de la pédale joyeuse...
La roche apparut enfin, lézardée d'une fente providentielle.
- ... si tu vois ce que je veux dire...
De puissants coups de klaxon retentirent.
- Sais tu ? Ce n'est pas si rare que ça, dans le milieu du cyclisme...
Des petits gloussements énervants me parvinrent aux oreilles.
- ... à force de grimper en danseuse !
J'ajustai mon piton.
- ... et de se sucer la roue !...
Mon compagnon avait explosé de rire, au moment où tout le cirque de montagnes autour de nous renvoyait la cacophonie qui marquait la fin du cortège. Il dut s'imaginer que je donnais de frénétiques coups de marteau pour participer aussi à cette ambiance joyeuse.
- ALLEZ LES BELGES ! ALLEZ LES BELGES !

ALLEZ ! beugla-t-il en applaudissant le défilé.
Un doigt dans l'œil du piton - la première prise ferme que je tenais depuis le départ - je m'accordai une seconde de répit. J'avais la gorge plus sèche qu'un cracheur de feu et les pulsations affolées de mon cœur me massacraient les tempes.

Etait-ce l'envie de se dégourdir les jambes après tant d'émotions ? Le fait est que mon compagnon eut soudain la bonne idée de descendre de son piédestal, m'arrachant à mon perchoir plus sûrement qu'un sonneur de cloches.
Je me retrouvai balançant au-dessus du vide suspendu par un doigt. Une cataracte d'insultes s'abattit sur l'assassin patenté qui était censé m'assurer.
Laissant l'orage passer, il fit alors preuve d'un grand sens de l'à-propos :
- C'est tout de même pas de ma faute à moi, hein, si tu grimpes la tête dans le guidon !

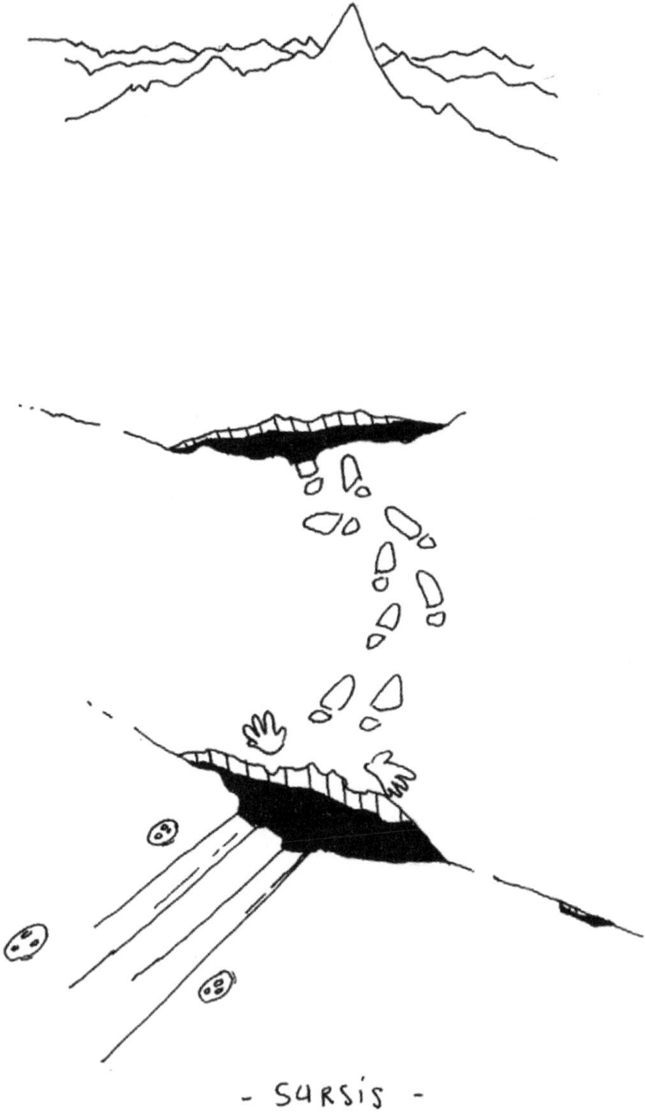

- SURSIS -

Les tranchées de la Vallée Blanche

Le téléphérique de l'Aiguille du Midi culmine à 3842 m d'altitude. Après quelques errements dans les galeries du piton sommital, un tunnel de glace projette le skieur au cœur de la très haute montagne.
Ici commence la Vallée Blanche. Le premier instant d'éblouissement passé, place au spectacle : Grandes Jorasses, Dent du Géant, Grivola, Grand Paradis... Les Alpes suisses ferment l'horizon. Le Cervin, un peu ridicule vu d'ici, émerge entre le Grand Combin et le Mont-Rose.

Moins rose s'annonce la “descente de l'arête” : une file impressionnante de skieurs se bouscule sur ce redoutable passage, qui s’effectue à pied. À gauche mille mètres de vide ; à droite deux cents mètres. Skis sur l’épaule, les candidats à la descente reine des Alpes se cramponnent comme ils peuvent à une grosse corde fixée à des pieux. Même si de solides marches ont été taillées par les employés du téléphérique, la progression de la chenille, le froid et l’altitude aidant, est très lente. Philippe, François, Fred, Bernie et moi devons

guider une quarantaine d'Allemands spécialement venus de Stuttgart. Notre travail commence pour de bon avant de descendre l'arête : les encorder, vérifier que leurs skis sont bien attachés, éventuellement porter ceux des plus terrorisés, faire un fagot avec leurs bâtons, mettre nos crampons...
- Warum nous pas avoir crampons ?
- Vous, pas tomber !
Philippe à l'air très content de sa réponse.
Celle-ci aurait dû être que ce n'était pas utile, les guides seuls en mettant pour assurer la sécurité depuis l'arrière de la cordée.

Greta me demande de la prendre en photo avant le départ. Dans l'objectif, j'assiste à la scène en direct : en pivotant pour attraper la corde, Greta a oublié Gunther ; elle a aussi oublié qu'elle avait une paire de skis sur l'épaule. Gunther pousse un hurlement de douleur quand les spatules de Greta viennent lui heurter violemment la nuque : il lâche ses skis que je rattrape in extremis au bord du vide. Dans la manœuvre, l'appareil photo de Greta m'échappe des mains et plonge sans hésiter vers Chamonix : un appareil jetable.
- Celui-là, il porte bien son nom ! jubile Philippe.
Finalement, la descente de l'arête s'enchaîne plutôt bien : à peine si Greta a posé les fesses par

terre ; la jolie Sandra me fait de charmants sourires et Gunther ne saigne plus.
Nous voici sur le replat qui marque le début de l'arête Midi-Plan, là où tout le monde chausse ses skis. Greta me dit qu'elle a un peu de mal à respirer. Philippe se roule une clope. Fred, grand patron de l'opération, fait deux groupes : les plus téméraires iront avec lui, Bernie et François sur le Glacier d'Envers du Plan. Philippe et moi, qui encadrons les moins alertes, suivront l'itinéraire classique. L'heure est aux recommandations d'ordre général, avant le début des hostilités : suivre au plus près la trace du guide, transmettre les infos au skieur qui suit, toujours s'arrêter en amont du groupe...
La descente peut commencer.
Dès le premier virage, je repère Hermann qui fait un dépôt de bilan total : les deux skis déchaussés, le sac par-dessus la tête, il vient mourir en glissant nez en avant sur les spatules de Greta. Nous sommes au pied de la face sud de l'Aiguille du Midi, superbe pilastre de granit orangé : deux grimpeurs s'engagent dans la fissure en S, deuxième longueur de la voie Rébuffat. Je sens que Greta aurait bien aimé faire une photo. Kurt me demande si j'ai déjà gravi cette paroi. Je réponds oui. Sandra a l'air impressionnée.

Il fait bon glisser sur ce grand plateau qui nous conduit en douceur jusqu'au Col du Rognon. Derrière, l'imposante face est du Mont-Blanc du Tacul développe ses piliers : Gervassutti, Boccalatte, Trois Pointes... C'est ici que le glacier est paraît-il le plus épais : on parle de quatre cents mètres de glace. Je me trompe dans ma traduction en allemand et annonce sans hésiter quatre mille mètres. Hermann, qui a l'air plus doué en calcul qu'en ski, marque un doute. Etant donné que nous sommes à l'altitude de 3500 m environ, le niveau de "ma" glace descendrait largement sous terre, et serait donc confronté à une température très supérieure à 0° : d'où fonte, baisse du niveau, inondation... je sens que le sujet m'échappe. Heureusement, dès le virage suivant, Hermann fait une faute de carres et je retrouve mon autorité naturelle.

Nous voici à la Bédière, carrefour des glaciers, avec vue imprenable sur la chandelle du Grand Capucin. Gunther me demande si j'ai déjà aussi gravi cette montagne. Je réponds que oui : Sandra est ravie. C'est ici que Philippe roule sa deuxième clope. J'en profite pour faire un tour d'horizon général. Greta regrette de plus en plus son appareil photo. C'est ici aussi que les Italiens rejoignent

la Vallée Blanche : un groupe aux tenues bigarrées arrive justement à notre hauteur, manifestant avec une discrétion toute italienne son enthousiasme devant la beauté des lieux. Benoît, un copain guide, nous rejoint avec son groupe : il connaît le guide de Courmayeur avec qui la conversation s'engage tout naturellement sur les derniers transferts dans le Championnat de football italien. Des noms étranges résonnent dans la montagne : Papin, Van Basten, Güllit...
- Ça être nom des montagnes ? demande Greta.
Il commence à y avoir pas mal de monde qui circule en même temps sur le glacier. Surtout que nous approchons du fameux passage des séracs. Si on veut être à l'heure de l'apéro au refuge du Requin, il ne faut surtout pas se retrouver en queue de peloton. Il y a toujours des bouchons dans ce goulet très crevassé. Benoît profite de l'effet de surprise pour lancer une échappée dans l'axe du glacier. Les Italiens tentent un débordement sur l'aile gauche. Philippe prend la tête de notre unité et risque une accélération en aval. Hermann choisit de temporiser : nouveau dépôt de bilan. L'apéro est compromis. J'aborde le passage des séracs un peu terrorisé, vu les prouesses techniques d'Hermann : en cette fin d'hiver, les crevasses sont encore plus nombreuses. Je l'installe

juste derrière moi, et garde un œil constamment dans le rétroviseur. En fait, le danger va venir de Luci, discrète jusque là, mais qui va créer la première occasion de but.
Les autres sont déjà loin devant et je les imagine bientôt installés à la table du refuge du Requin. Un cri guttural pourfend l'athmosphère. Luci est tombée dans la traversée qui mène au cœur des séracs : à petite vitesse, mais avec une bonne régularité, elle glisse sur le dos, tête en bas, vers un trou béant. Demi-tour sauté sur place, contre-traversée, plaquage à retardement juste au bord de la crevasse : la rapidité de mon intervention n'a eu d'égal que son efficacité. Luci m'embrasse. Hermann serre les fesses. Je regarde Sandra qui devient écarlate. Nous voici quand même au refuge du Requin. C'est l'heure de la mi-temps. Fred, François et Bernie sont déjà là.
- Ein Pro-osit! Ein Pro-osit ! L'ambiance est plutôt joviale. Le blanc de Savoie coule à flots. Philippe se roule une cigarette et répond "ya, ya !" à toutes les questions en tendant son verre. Je m'installe à côté de lui, où je suis sûr de ne pas avoir soif. Sandra se serre contre moi. Le blanc est bien frais. La vie est belle.

Moins belle, l'entame de la deuxième mi-temps :

Hermann est carrément saoul et a choisi l'option "on fonce et on voit". À l'entrée du passage dit de la Salle-à-Manger, là où tout le monde se retrouve pour casser la croûte, il double le groupe à deux cents à l'heure. Son accélération s'arrête net au milieu des Italiens qui ne voient pas du tout d'un bon œil leur magnum de Chianti se répandre sur la neige.

Nous approchons de la Mer de Glace. C'est ici que je raconte l'histoire de "l'Anglais": elle fait toujours rire. Une histoire vraie. Pour faire encore plus vrai, je me l'approprie. L'histoire d'un client tombé dans une crevasse et que je tente de secourir en lui jetant une corde. Surprise, quand la victime réapparaît, ce n'est pas mon client ! C'est un Anglais tombé dans la même crevasse, mais la veille. On imagine la scène de politesse au fond du trou, pour décider qui va remonter en premier :
- Mais allez-y !
- Je vous en prie, vous étiez là avant !
Messieurs les Anglais, tirez les premiers...
Ma version allemande manque d'efficacité : Gunther me demande pourquoi je n'aime pas les Anglais.

Nous débouchons sur la Mer de Glace à bonne

allure. Hermann cuve. Je présente le maître des lieux : le Dru, face ouest, 900 m de granit vertical. C'est Sandra elle-même qui me demande si j'ai aussi gravi cette montagne. Je réponds évidemment oui. La cause est entendue. Greta prie Wilfried de la prendre en photo au bord d'une crevasse énorme, avec le Dru au fond. Je crains le pire, mais Greta, prudente, reste à une distance respectable du gouffre. Trop respectable. En reculant pour que tout rentre dans le cadre, le Dru, Greta et ses formes généreuses, la crevasse, Wilfried a changé d'étage. En marche arrière, il a basculé dans un trou de trois mètres de profondeur, heureusement tapissé de neige fraîche. Le premier instant de stupeur passé, tout le monde éclate de rire. Tout le monde sauf Wilfried dont l'appareil n'a pas apprécié l'atterrissage. Greta renonce à tout projet de photo.

Finalement nous voici aux Mottets : vingt minutes de remontée à pied avant le long chemin qui rejoint Chamonix. Je porte les skis de Sandra avant que Philippe ne le lui propose. À la Buvette des Mottets, la bière coule à flots.
Hermann délire à plat ventre.
- Ein Pro-osit! Ein Pro-osit!
La montagne résonne à nouveau de chants mélo-

dieux. Greta commence à en avoir un sérieux coup dans l'aile. Toute réchauffée par la montée, elle entame un strip-tease endiablé. Les appareils photos se mettent à crépiter.

L'ambiance monte encore d'un ton, avec la tournée de Wilfried qui célèbre sa survie.
Je commence aussi à être un peu chaud. Sandra me fait un bisou pour me remercier de lui avoir porté ses skis. Elle est vraiment délicieuse avec ses cheveux de braise et ses yeux tout ébouriffés.
Philippe la serre d'un peu trop près.
A moitié à poil, Greta a entrepris de peloter François en chantant *Lily Marlène* ; il est vite débordé par les volumes envahissants de son admiratrice. Je perçois une lueur de détresse dans son regard. Hermann veut remettre la sienne.
Avant le pire, Fred décide la retraite.

Reprendre la route est très difficile, surtout pour Hermann. Il me reste assez de lucidité pour lui conseiller de descendre à pied. Dans son état, c'est une question de vie ou de mort. Solidaire, tout le groupe décide d'en faire autant ; ça tombe bien car il n'y a pratiquement plus de neige.
Nous avons pris pas mal de retard sur l'horaire prévu. Avec le jour qui s'en va, notre commando a

perdu toute dignité. Les champs de neige sont traversés sur les fesses; les champs de boue à plat ventre.
C'est à la nuit tombante et titubante que nous arrivons, via le chemin des Tines, au fond de la vallée. Le bus des Allemands nous y attend. Quel accueil ! Le long du car, une grande table couverte de charcutaille, où trône une pompe à bière.
Le chauffeur s'est transformé en barman et ne semble nullement surpris par le caractère spectral de notre apparition.
- Ein Pro-osit! Ein Pro-osit ! c'est Philippe, bon élève, qui relance les hostilités.
L' apéro-saucisse se prolonge tard dans la nuit. Greta, de plus en plus court vêtue, ne quitte plus François. Le chauffeur-barman m'est très sympathique ; jusqu'au moment où je comprends que c'est le petit ami de Sandra. Cela m'irrite d'autant plus que c'est Philippe qui me le fait remarquer.

Les adieux sont émouvants.
L'amitié franco-allemande a fait un grand pas en avant quand nous quittons en marche arrière nos joyeux compagnons. À la lueur de la frontale, autour de la table d'un bistrot fermé, les cinq guides se retrouvent pour partager le butin. Les Teutons n'ont pas lésiné sur le pourboire.

- Bon ! demain, neuf heures, à la benne de l'Aiguille, me rappelle Philippe, avant de nous séparer.
- C'est quoi demain déjà ?
- Le Comité d'Entreprise d'Air France...
Il retient son envie de rire pour rallumer son mégot :
"... que des hôtesses de l'air !

Ce documentaire a déjà été publié dans le magazine Vertical.

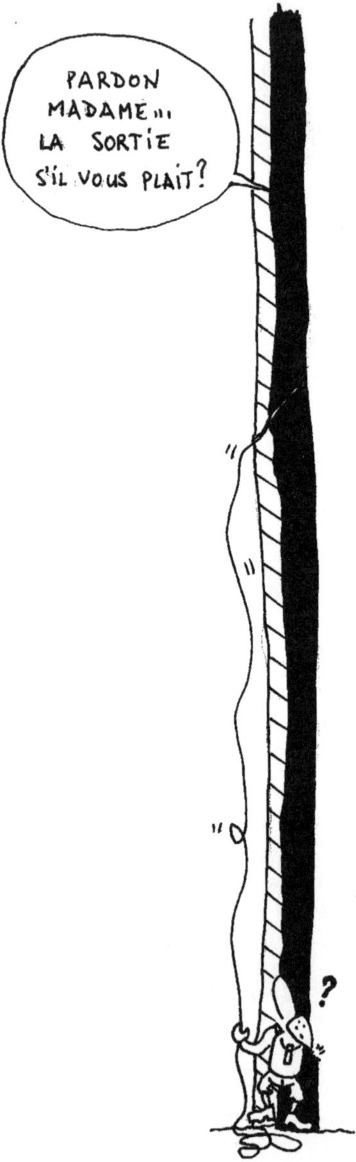
PARDON MADAME... LA SORTIE S'IL VOUS PLAIT?
?

Une cordée infréquentable

Ce matin d'août, nous savions qu'il allait falloir faire vite : la météo prévoyait de violents orages dès la mi-journée.

Jef et moi sautions donc de blocs en blocs, sur la crête de la moraine, jetant de brefs coups d'œil vers la paroi à l'ordre du jour : la face ouest de l'Aiguille de Blaitière. Huit cents mètres de granit, avec, dans la partie basse, un joyau de vingt-cinq mètres : la fissure Brown. Le fait que Joe Brown et son compère Don Whillans, les deux premiers ascensionnistes de la voie, étaient de grands buveurs de bière avait eu une certaine influence sur notre choix.

Selon certains racontards, Don Whillans, au pied de cette fameuse difficulté, sciait des bûches de la largeur que lui commandait Joe Brown, lequel, en tête de cordée, les hissait jusqu'à lui, pour les coincer dans la fissure et gagner petit à petit du terrain. Après leur passage, les bûches avaient disparu, ne laissant qu'une faille aux bords arrondis, entre deux murs lisses et verticaux ; une faille trop étroite pour pouvoir se coincer à l'intérieur, mais trop large pour pouvoir y verrouiller mains ou pieds. Sans pratiquement aucun point d'assurance, un vrai cauchemar de premier de cordée.

Gravissant le socle de la face au pas de charge, nous avions fait halte au pied même de la fissure, le temps de nous attacher et de tirer à pile ou face qui aurait l'honneur de partir en premier au combat.
- Il est bien passé, toi, son chou farci à Bertrand ? me demanda Jef.
À l'odeur, je compris le sens de la question.
Pile. Jef avait gagné. Je le félicitais avec une grande sincérité, lisant dans ses yeux que ce n'était pas la meilleure nouvelle de la journée.
Physiquement, Jef a pas mal de points communs avec Astérix, moustaches, nez, carrure, et, comme le héros gaulois, il a toujours une fiole de potion magique avec lui. Une petite gourde bleue toute cabossée. L'heure était grave; il s'en envoya une grande lampée.

Ses premiers mètres d'escalade ne manquèrent pas d'élégance. Faisant opposition entre son genou et son pied, le haut du corps à demi engagé dans la faille, il parvint à enchaîner une succession de

mouvements, qui faisaient penser à de la natation, assez réussis. Il était dix mètres au-dessus de moi, quand les choses se dégradèrent : la fissure s'évasait et son audacieux crawl vertical se mit à faire du surplace, se transformant en grandes brassées pas efficaces du tout.
Je ne voyais plus que ses jambes, la droite qui battait le fond de la fissure pour essayer de se coincer, et la gauche qui zébrait le rocher en faisant des étincelles. Comme un poisson sorti de l'eau, son ardeur se ralentit, puis finit par s'arrêter.

Du bas, à cause de la forme bombée de la paroi, je ne pus malheureusement pas assister à la suite des événements. Je savais juste que la deuxième partie de la fissure était réputée plus difficile. D'où ma surprise quand Jef s'envola vers le haut. J'avais même de la peine à lui fournir du mou assez vite.

Je ne me rappelle plus très bien de la succession de soubressauts qui me permirent de gravir le célèbre passage. Mais je me souviens de mon admiration, grandissante à chaque pas, pour mon compagnon de cordée.
Je le félicitais chaleureusement en arrivant au relais. De la main, il me fit comprendre de modérer mes propos, marmonnant entre ses dents :

- C'est des Italiens, mais ils parlent français...
Il y avait trois autres alpinistes sur la vire. Le dos collé à la paroi, les mains dans les poches.
- Et alors ? t'as vu comment t'es passé ?... ils devaient être verts en te voyant arriver comme une fusée !... Campionne del mondo, Jef ! CAMPIONNE DEL MONDO ! Hé ! hé ! No ?
L'Italien à qui je m'adressais baissa les yeux.
- Qu'est-ce qu'ils font ? ils continuent pas ?
- Vas-y... souffla Jef, je t'expliquerai...
- ... n'empêche... chapeau Jef ! tu m'as épaté !
- Vas-y, j'te dis...
Jef me colla dans les bras le paquet de coinceurs et les mousquetons :
- Essaie de faire vite...
Je quittai le relais sans me faire davantage prier car Jef avait manifestement des problèmes de plus en plus aigus avec le chou farci de Bertrand.

J'interrogeais mon équipier quand il me rejoignit.
- Les Italiens...
Je lus dans son regard autant de honte que d'envie de rire.
"... je leur en ai joué une bonne !...
Dans la fissure Brown, sa chute n'étant plus qu'une question de millièmes de secondes, il avait dégainé l'arme fatale. Un outil de sa conception,

composé d'un "crochet à goutte d'eau", sorte de hameçon qu'utilisent les grimpeurs pour s'élever sur de petites aspérités, fixé au bout d'un anneau de corde en kevlar.
Au moment où il basculait dans le vide, il avait réussi à crocheter la corde des Italiens, dont une longue boucle pendait au-dessus de sa tête. Sans sommation, il s'y était alors agrippé et hissé à la force des bras jusqu'au relais.
Les présentations avaient été tendues.
Le premier de cordée, qui s'apprêtait à partir, avait vu sa dernière heure arrivée.
- Ils étaient à trois à tenir la corde quand je suis arrivé...
- Qu'est-ce qu'ils t'ont dit ?
- Celui qui grimpe en tête m'a traité d'assassin...
Les Transalpins avaient alors décidé de nous laisser passer devant.

Jef avala une lichette de potion magique et partit dans la longueur suivante.
Je ne sais pas si c'était parce que Jef m'en avait parlé, mais le chou farci commençait aussi à me travailler. Apparut l'Italien de tête. Blanc comme un linge. À genoux sur la vire de relais, il avait beaucoup de peine à reprendre sa respiration.
- Belle voie, hein ? tentai-je, diplomate.

Sans me regarder, il attrapa la gourde que Jef avait laissée à hauteur de ses yeux.
- S'il vous plaît...
Je n'eus pas le temps de le mettre en garde que le terrible breuvage tombait dans sa gorge comme dans un puits.
Il se redressa, me tendit la gourde et bascula en arrière droit comme un "i".
- Ma... ma...
Je le rattrapai de justesse par l'épaule.
- Ma... mais qu'est-ce qué c'est ?
- C'est quoi dans ta gourde, Jef ? criai-je.
- Ricard pur ! anti-chiasse !

Ceux qui n'ont pas de bol bénéficient d'une météo particulière, I

Fidèle comme une ombre..." Philippe Bouchard, ce n'est pas la solitude, comme dans la chanson de Moustaki, qui lui colle aux semelles, c'est la poisse.

L'hiver dernier, la veille de son examen de moniteur de ski, il se rompt les ligaments croisés du genou. La pire des tuiles pour un skieur.
Il faut opérer vite, avant que les ligaments ne se rétractent. Rendez-vous est pris chez un spécialiste. Le jour de l'opération se produit un événement sans précédent dans l'histoire de la médecine : grève des anesthésites.
Il sera opéré sans anesthésie.
- J'ai dérouillé, confie-t-il, résigné.

Je le jure sur la tête de mes deux fils, l'histoire qui suit est vraie.
Sur le versant italien du Grand Col Ferret, ce matin-là, des rafales de vent d'une belle violence

étaient venues donner un peu de mouvement aux trombes d'eau qui s'abattaient sur Philippe Bouchard "Boubouch", accompagnateur en moyenne montagne, et son groupe de douze personnes.
Angélique, une cliente, maîtresse femme, s'était alors plantée en travers du chemin, refusant tout net d'aller plus loin : ils venaient d'atteindre une route carrossable. Pourquoi ne pas attendre qu'un véhicule passe, appeler un taxi, un bus ?
De toute façon, il n'était pas question de continuer comme ça, comme des zombies, trempés jusqu'à la moelle des os et couverts de boue.
- On en a marre ! tu m'entends ?... On en peut plus !... ça fait trois jours que ça dure ! hurlait-elle à la face de Boubouch, s'égosillant pour couvrir de la voix le claquement intempestif des capes de pluie.

En quittant Argentière, quatre jours avant, un rayon de soleil fluet avait accompagné leur montée jusqu'au village du Tour, comme pour leur dire adieu. La première ondée les avait surpris alors qu'ils s'installaient pour casser la croûte au Col de Balme. Depuis, les trois premières étapes du Tour du Mont-Blanc s'étaient déroulées sous des hallebardes. Boubouch avait fait preuve d'un grand talent de persuasion pour empêcher tout le monde de capituler dès le mardi soir, au camping, inondé, de la Fouly.

Côté vie collective, Angélique, chef-infirmière à la Salpêtrière, avait pris un fort ascendant sur les autres. Elle soupçonnait Boubouch d'avoir le mauvais œil et remettait en question toutes ses décisions.

Ce mercredi, à quatre heures du matin, l'ambiance était donc tout sauf détendue quand le lugubre équipage s'était remis en route, sous une pluie régulière, les chaussures gorgées d'eau.

La tête baissée, ruminant, tous avaient néanmoins bien résisté au cinq heures de montée. C'est à la descente que les choses s'étaient très vite dégradées. Boubouch, démis de toute autorité au profit d'une Angélique hystérique, avait bien essayé de rappeler les consignes élémentaires de sécurité.
Tout le monde s'en foutait.
Tous voulaient fuir au plus vite ces lieux maudits.
Ils se jetaient dans les éboulis, roulaient sur les pentes d'herbe, dévalaient les torrents de boue comme des toboggans.
Angélique haranguait ses troupes, poussant sans

ménagement le malheureux qui manifestait la moindre hésitation. Relégué loin derrière, Boubouch n'avait réussi à rejoindre ses ouailles qu'à la faveur d'une petite route carrossable, au fond du Val Ferré italien, là où Angélique avait décidé de s'arrêter.

- Une camionnette ! lança une voix pleine d'espoir.

Un véhicule venait effectivement dans leur direction.

- J'espère que tu parles italien ! aboya Angélique à l'intention de Boubouch.

- Heu... non mais... pas la peine... dans la province d'Aoste, tout le monde parle français !

Le groupe ne s'écartant pas d'un millimètre, la camionnette ne put faire autrement que de s'arrêter. Boubouch s'approcha du chauffeur, lui demandant s'il voulait bien les transporter jusqu'au village de La Palud. L'homme ne comprenait pas un traître mot de français.

- Nous... tempeto... tenta d'expliquer l'accompagnateur, nous tout mouilli... heu... La Palud ! Nous vouloir aller La Palud !

- Impossiblé !

- Nous trois jours !... Pluie, pluie, pluie !...

Boubouch mimait du poing les colonnes d'eau qui leur tombaient sur la tête.

- Impossiblé ! répéta le chauffeur, justifiant son refus d'une longue tirade en italien, semblant faire référence à la taille de son véhicule.
- Pas grave ! pas grave !... insista Boubouch d'un ton compréhensif, nous nous serrer ! Nous habitude pas confort !
- Impossiblé !
- ALORS ?
Angélique, furax, s'était interposée entre les deux hommes :
"... vous allez palabrer longtemps comme ça ?
Une violente rafale obligea le conducteur à remonter sa glace. Il attendit une petite accalmie, et finit par sortir de son véhicule. Faisant de grands gestes pour traduire son impuissance, il ouvrit en grand la portière arrière. Deux secondes après, les douze randonneurs étaient à l'intérieur.

Boubouch s'était installé devant, dans la cabine indépendante du compartiment marchandise, où il régnait une douce chaleur. La radio diffusait de la variété italienne, dont le chauffeur fredonnait les refrains. Régulièrement, il s'arrêtait pour distribuer du courrier aux habitations isolées du vallon. Pendant une de ces haltes un peu plus longue que les autres, des coups se firent entendre contre les parois du fourgon. Boubouch y répondit par

quelques tapes amicales. Les coups redoublèrent. Enfin réchauffé, l'accompagnateur sourit. Peut-être, grâce à cette camionnette miraculeuse, allait-il regagner la confiance de son groupe ?
A l'arrière, l'ambiance semblait de plus en plus joyeuse. La camionnette tanguait avec la musique.

Le voyage jusqu'à La Palud, avec des arrêts de plus en plus fréquents, dura près de deux heures.
Côté clients, le calme était revenu.

Le fourgon s'était arrêté devant le premier bar de La Palud. À peine le chauffeur avait-il entrebâillé la porte arrière du véhicule qu'un nuage très dense s'en était échappé. Un nuage venu tout droit de Sibérie, où flottaient des petits cristaux de glace.
C'était une camionnette frigorifique.
Angélique était sortie la première.
- Ça a fait un de ces bruits quand ils sont sortis ! raconte Boubouch, ils voulaient tous sortir en même temps ! Et pis leurs capes de pluie avaient gelé, elles cassaient comme du verre !
Angélique, le visage figé dans un rictus haineux, était incapable de parler. Blanchis par le givre, ils avaient fait une entrée assez remarquée dans le bar, dont les vitres s'étaient embuées instantanément.
Pour la plupart, le raid s'était arrêté là : ils étaient

rentrés en France par le premier autocar. Les deux ou trois obstinés qui avaient continué le raid n'avaient plus décroché le moindre mot à leur guide. Le temps était resté à la pluie avec une remarquable stabilité.

Je ne me suis jamais encordé avec Boubouch. En revanche, je me suis retrouvé un jour encordé avec le Professeur Shadoko. Et pas n'importe où : dans le Grand Canyon du Verdon.

Dans les gorges du Verdon, on démarre du haut.

Ceux qui n'ont pas de bol bénéficient d'une météo particulière, II

Le teint rose crevette, coiffé au lance-flammes, une paire de loupes sur le nez, côté guigne le Professeur Shadoko n'a rien à envier à Boubouch. Plutôt même la classe au-dessus.

La principale originalité de l'escalade dans les gorges du Verdon est que l'on démarre du haut. C'est-à-dire d'un des belvédères de la route touristique qui longe le sommet des parois.
La journée du grimpeur commence donc par une descente en rappel, souvent très impressionnante. Une forte sensation de creux à l'estomac affecte tout grimpeur néophyte des lieux, dès l'instant où, venant à peine de quitter le confort de sa voiture, il passe sa tête par-dessus la barrière de sécurité, découvrant d'un coup, en grand angle panoramique, le vide abyssal dans lequel il va descendre très prochainement.
Les remontées de petits déjeuners sont fréquentes. J'observai traîtreusement le Professeur découvrant

les lieux. Son célèbre sourire en coin venait de faire quatre cents mètres de chute libre.

Un petit nuage avait fait son apparition dans le ciel lorsque nous atterrîmes en rappel au milieu des buis et des chênes verts.
Le Professeur Shadoko, d'ordinaire plutôt bavard ne disait rien. Le soleil disparut quand j'arrivai au premier relais. Au sommet du ressaut suivant, le temps avait changé pour de bon.
DJÂÂRK !
Un violent éclair déchira le milieu des gorges.
- Grouille Professeur !
Trente mètres plus bas, le Professeur resserrait tranquillement ses lacets, prenait avec délicatesse une pincée de magnésie, récupérait en sifflotant les mousquetons du relais.
Une pluie fine se mit à tomber.
Quand mon compagnon me rejoignit, les robinets célestes étaient grands ouverts. Le Professeur avait retrouvé sa mine joviale. Approchant sa tête à deux centimètres de la mienne, il me dit, avec un clin d'œil entendu :
- Y'a pas qu'à Chamonix qu'on en prend plein la gueule !...
J'ai, de cette fin d'ascension, un souvenir apocalyptique. L'orage était sur nous. Ça sentait le

soufre. D'incessants éclairs zébraient la nuit. Le roulement du tonnerre était continu et faisait trembler les gorges. Une pluie diluvienne transformait les moindres fissures en cascades.
Impérial au milieu de ce tableau dantesque, le Professeur Shadoko semblait revivre.
J'étais en short et en tee-shirt. Il déballa sereinement un K-way :
- Le pire, moussaillon ! Toujours prévoir le pire !
Au début de la quatrième longueur, juste au-dessus du relais, une dalle lisse comme un lavabo stoppa notre progression. J'aurais aimé avoir l'arme fatale de Jef : un piton était à quelques centimètres de mes doigts, mais je n'arrivais pas à l'atteindre. Je me risquai à monter sur les épaules de mon compagnon, ce qui le fit beaucoup rire. La foudre choisit cet instant pour s'abattre à deux mètres de notre fragile échafaudage : avant d'avoir le temps de comprendre ce qui se passait, je me retrouvai à nouveau à la hauteur du Professeur.
Triomphant, il brandit son poing vers les éléments déchaînés :
- Caramba ! Encore raté !
La grêle nous cueillit alors que nous débouchions sur le plateau.
Des œufs de pigeon.
Nous partîmes en zigzags à travers la garrigue, tou-

jours encordés, nous protégeant la tête de notre mieux avec les bras.

Clac !
- Merde !
Je n'ai jamais compris comment il avait fait. Poliment, je lui avait passé les clefs de ma voiture pour qu'il ouvre de son côté et se mette à l'abri en premier.
- Merde ! merde !
Il secouait la portière comme un prunier et je voyais à travers la vitre ruisselante mon trousseau de clefs bien à l'abri sur le siège avant.

Y'a marqué :
« De jolies pentes gazonnées conduisent à un plateau. Buvette. »
boirais bien un demi moi

Sale temps pour Félix le chat

Godasse est un solide gaillard. Pas très grand mais râblé, un épis toujours au garde-à-vous, l'œil rond, la mine rouge. Dès le premier contact, il ne laisse pas indifférent. Un broyeur de mains.
On préparait ensemble notre liste de courses pour être aspirant-guide. Il fallait justifier d'un certain nombre d'ascensions de niveau D (Difficile), d'une hauteur minimale de quatre cents mètres. Godasse épluchait tous les topos-guides pour dénicher des voies correspondant précisément à ces critères. Peu importaient leurs qualités esthétiques, leur éventuelle difficulté d'accès ou leur réputation, du moment qu'elles étaient cotées "D" et toisaient quatre cents mètres, elles étaient dignes d'intérêt.

C'est comme ça que nous nous étions retrouvés au pied de l'Aiguille de Platé, dans les Préalpes du Nord. Une large muraille calcaire, dont le pilier sud valait "D" sur quatre cents mètres de haut.
Vraiment une large face. J'avais beau chercher, je n'arrivais pas à distinguer une ligne, un éperon,

une crête, quelque chose d'assez saillant pour mériter le qualificatif de pilier. Un impressionnant bouclier se dressait devant nous, avec, à la base, de raides pentes herbeuses peu engageantes.
Godasse avait sorti un petit bout de papier.
Un ami à lui y avait griffonné un dessin, assez vague, qui me faisait penser à une tête de chat. Les deux oreilles étaient bien distinctes, les yeux un peu décalés et légèrement bridés. De grossières moustaches tracées à la va-vite complétaient le tableau.
- Ça passe ici, dit Godasse, suivant du doigt une ligne imaginaire qui finissait entre les deux oreilles. "De toute façon, d'après mon pote, c'est évident". Au bout d'un moment, je finis par voir une sorte de pointe, sur la droite, qui ressemblait un peu à une oreille. En revanche, pour ce qui était de l'oreille gauche, et surtout des yeux, impossible de repérer la moindre forme, la moindre cavité, qui puisse correspondre au croquis.
- T'es sûr que vous parliez de la même montagne ?
Godasse regarda encore le dessin, puis la face, encore le dessin :
- C'est par là.
Le ton était sûr. Nous partîmes sur la gauche.

Au bout de vingt minutes d'escalade scabreuse sur des pâturages extrêmes, nous nous heurtâmes à une effroyable paroi toute lisse.
Le ton de Godasse était moins assuré :
- Difficile, nom de Dieu, c'est Difficile !... c'est pas *Très* Difficile !... ça peut pas être ici.

La redescente en marche arrière, les doigts plantés dans la terre, s'avéra délicate.
Godasse ressortit le portrait du chat : avec une petite tache marron sur le front, il avait l'air encore plus vivant.
- On était trop à gauche.
Direction droit devant.
L'herbe était moins drue, mais la pente plus raide.
Quelques fines branches de rosiers nous servirent de main courante. Au bout de cent mètres, les paumes des mains en sang, nous nous retrouvions tapis dans une petite niche :
- Nom de Dieu de nom de Dieu de nom de Dieu de... !...
“ Difficile, c'est Difficile ! C'est pas...”
Le geste de mon compagnon se perdit dans l'immensité verticale au-dessus de nos têtes.
Pitons et corde ne furent pas de trop pour redescendre.
- Quelle heure est-il ? me demanda Godasse, de

retour au point de départ.
- Bientôt trois heures...
- Nom de Dieu de nom de Dieu de nom de Dieu de... !
Tout en continuant de jurer, il déplia une nouvelle fois le plan des lieux.
Félix le Chat avait pris un coup de vieux : il était tout fripé avec une vilaine balafre sous l'œil gauche.
Une révélation.
- C'est là !...
En avant pour l'œil gauche.

Nos progrès en escalade sur touffes d'herbe étaient spectaculaires. Nous résistâmes cent cinquante mètres dans du terrain d'une belle raideur. C'est une strate de piles d'assiettes qui interrompit notre élan. À peine Godasse avait-il fait mine d'effleurer l'une d'elles, que nous nous étions retrouvés en pleine scène de Laurel et Hardy. Au fur et à mesure que les pierres se détachaient, craignant pour d'éventuelles personnes en bas, Godasse me les passait pour que je les "range" ailleurs. Le mouvement s'accéléra au moment où son empilement, qu'il tentait de retenir tout en jurant, et le mien, qui avait largement atteint sa taille adulte, décidèrent de faire leur vie ailleurs.

Une pluie dense de pierres plates s'abattit en sifflant vers le bas de la face. Un bon nombre d'entre elles continuèrent, roulant sur la tranche à une vitesse diabolique, en direction de la forêt. Forêt où nous avions croisé des cueilleurs de champignons le matin même... Après *Laurel et Hardy font la vaisselle*, nous jouions à présent dans une version champêtre de *Massacre à la tronçonneuse.*
Les pierres finirent enfin par s'arrêter. Aucun cri d'horreur ne s'était élevé des bois.

Il était cinq heures quand nous arrivâmes à notre poste d'observation.
Godasse lança un coup d'œil haineux à la paroi :
- Je veux savoir où il est, ce p... de pilier !

La réponse nous vint d'un infirmier du sanatorium du Plateau d'Assy. Après avoir mis un certain temps à comprendre ce que nous lui voulions, l'homme, au fort accent provençal, nous fit signe de le suivre. Dix étages d'ascenseur nous conduisirent sur une immense terrasse au sommet du bâtiment. Godasse sortit Félix de sa poche. L'homme y jeta un rapide coup d'œil, approuvant de la tête. Sans hésiter, il nous indiqua le cheminement de la voie, à droite des piles d'assiettes :
- Le seul endroit où on voit des fois des fadas qui

font de l'escalade, c'est là.
La vue sur la muraille était imprenable. Avec l'éclairage du soleil couchant, un beau pilier effilé, entre ombre et lumière, y était aussi évident que le nez au milieu de la figure. Mais à droite des yeux. Cela nous avait échappé : Félix était un portrait cubiste.
Nous remerciâmes notre infirmier.
- Vous avez qu'à prendre un guide, la prochaine fois, c'est fait pour ça ! conseilla-t-il gentiment.

Ambiance tendue, dans la voiture, pendant le retour vers Chamonix. Godasse et moi pensions à la même chose. Les Bertrand, Vef et compagnie allaient nous travailler au corps pour savoir ce que nous avions fait. J'entendais déjà les commentaires :
- ... et l'infirmier, vous lui avez dit votre futur métier ?
- ... pas sûr que ça compte pour la liste de courses, l'escalade du sanatorium...
- ... surtout en ascenseur...
Godasse tapa du poing sur le volant :
- Tout ça à cause de ce crobard de m... !
Le petit bout de papier, roulé en boule, vola sur la route : Félix ne devait pas échapper au sort de beaucoup de ses congénères.

ALLEZ !
A TOI MAINTENANT !
... ET N'OUBLIE PAS :
"SI TU TOMBES, C'EST LA CHUTE. SI TU CHUTES, C'EST LA TOMBE"
CLING
CLING

La médaille de guide

Le chaînon des Périades, dans le massif du Mont-Blanc, est formé d'une dizaine de curieuses petites pointes de granit, séparées les unes des autres par autant de brèches étroites. On y accède facilement par le nord-est, en remontant le glacier du Mont-Mallet, au pied des Grandes Jorasses.

En cet fin d'après-midi, trois silhouettes bardées de sacs énormes glissent dans la Vallée Blanche, avec de fréquents arrêts dus aux chutes. Nous avons prévu le lendemain de rejoindre les Périades par le glacier du Mont Mallet, puis de descendre sur l'autre versant, en skis, par le couloir Puiseux. Menton et ton autoritaires, Jean-Pierre va devant. C'est normal, c'est lui le guide. Bertrand et moi ne sommes que deux misérables aspirant-guides.
Il s'arrête brusquement :
- Regardez !
Son bâton pointe le couloir Puiseux, bien visible, dont la pente, semble très raide :
- Si tu tombes, c'est la chute, si tu chutes, c'est la tombe.
Nous avons prévu de bivouaquer à l'intersection

du Glacier de Leschaux et du Glacier du Géant. Lieu qui se rejoint sans effort en descendant la Vallée Blanche. Nous ne nous sommes donc rien refusés pour rendre la soirée agréable.
Le montage nous a pris un certain temps, mais nous ne sommes pas peu fiers de voir notre grande tente, rabats et moustiquaires flottant au vent, plantée en plein milieu du glacier.

À l'intérieur, matelas, couettes, polochons, bandes dessinées, radio-cassette, lampe à pétrole...
Avec la lumière du couchant, il ne manque plus que quelques chameaux et on se croirait à l'heure du thé dans un campement bédouin. La menthe dans le thé a été fort avantageusement remplacée par du rhum et nous nous installons autour du feu. Car nous avons emporté un petit stock de bois, en prévision du barbecue.

18 h 30 : à Chamonix, les premiers réverbères doivent s'éclairer. Même si nous restons dehors, nous avons allumé la lampe à pétrole dans la tente. Ça fait mieux dans le décor et peut s'avérer utile au moment de se coucher. La braise est prête. Bertrand envoie les merguez, Jean-Pierre le Sidi Brahim. J'essaie d'accorder ma guitare pour qu'elle sonne comme là-bas.

19 h 37 : est-ce dû à l'altitude ? à la fatigue de la journée ? au Sidi-Brahim ?
En tout cas, le mal est fait.

Pourquoi la Fatma l'a mis l'feu mon z'ami
Parce que la Fatma l'avait froid !

Debout dans la fumée des merguez, un Sopalin sur le nez, une main sur le ventre l'autre sur la tête, Bertrand ondule comme une danseuse orientale.
Jean-Pierre nous rappelle à l'ordre :
- 'tention, les gars ! demain... si tu tombes c'est la bûche, si tu bûches c'est la... non, si tu chutes c'est la pelle, non...
Je n'ai déjà plus que quatre cordes à ma guitare.

22 h 43 : avec Bertrand à la grille de barbecue, nous formons officiellement “l'Orchestre National des Alpes d'Afrique du Nord”.

Travadja la moukère
Trempe ton cul dans la soupière...

Jean-Pierre fait celui qui est encore lucide :
- Demain, 'tion ! les gars... si... si tu chubes, c'est la... c'est la pente... si tu t'plantes c'est... c'est la chubes, hein ! non si tu chambes, c'est la... la...

c'est pareil... hein ! 'tention, les gars !

Si c'est chaud c'est des artichauts
Si c'est froid c'est des petits pois !

23 h 57 : je n'ai plus qu'une corde à ma guitare. Je m'en fous, c'est pas génant sur un tam-tam. Torses et pieds nus, des plumes de chocard plantées dans les cheveux, nous tournons avec Bertrand autour du feu en récitant une litanie iroquoise, souvenir de notre expédition au Canada :

Yoho takako !
Yoho takako !

- Gu... gaffe les gars ! 'main, si tu... ch'ais pu... si tu coules c'est la boule non si tu... machin.. si... si ... cimetière ! Ha, voilà ! si tu chubes, c'est le cimetière ! 'tion, les gars !

Yoho takako !
Takako yoho !

Il devrait faire beau demain.

24 h 59 : tout le monde dort.
La lampe à pétrole continue de répandre une

douce clarté dans la tente. Vide.

05 h 02 : je reprends connaissance au moment où le jour pointe. Il fait un froid de canard. De l'autre côté du foyer, d'où se dégage une fumée noire, j'aperçois Bertrand enroulé dans la housse de la tente.
Jean-Pierre est accroupi un peu plus loin : il gratte la neige avec une casserole.

08 h 34 : j'emboîte mes skis dans ceux qui me précèdent. Pied gauche, pied droit. Surtout ne rien brusquer. Pas de déséquilibre. Ne pas penser. Pchchch... pchpch... Le glissement feutré des peaux de phoque me maintient dans un agréable état de somnolence. Pchch... pchpch... de temps à autre des visages cuits par la braise transpercent la brume, des Indiens pieds nus sautent en braillant par-dessus les flammes... yoho takako... oh !
Le ton est grognon : oh !
Je suis en train de marcher sur les skis de Jean-Pierre, qui adore ça. Il se retourne, et m'interpelle sèchement :
- Et maintenant ?
Nous venons de remonter douze cents mètres de dénivelé et butons contre les Périades.
- ...euh... maintenant... quoi ?

- Comment ça quoi ?
Il brandit son bâton vers la muraille dentelée :
- C'est laquelle, la brèche Puiseux ?
Je lève les yeux : les pointes, aux formes rigolotes, sont séparées par une demi-douzaine de brèches identiques. Bertrand intervient :
- On a qu'à regarder sur la carte.
Nous nous installons en rond et fouillons nos sacs. Pas de carte.
Jean-Pierre fulmine :
- Elle promet, la nouvelle génération de guides ! C'est ça qu'on vous apprend à l'ENSA, maintenant ? À vous balader sur les glaciers sans carte ?
J'aperçois deux skieurs qui descendent du Mont-Mallet :
- On a qu'à leur demander !
Le truc à pas dire.
Jean-Pierre exulte :
- On est trois professionnels et on va demander notre chemin aux touristes qui passent ?
Nous regardons les deux randonneurs s'approcher de nous en petits virages. Devant, ce doit être une femme : ses couettes voltigent à chaque fois qu'elle saute pour tourner. Un gros gaillard, au style beaucoup moins aérien, suit sa trace comme il peut.
- Hep ! Vous là-bas !

La mort dans l'âme, Jean-Pierre s'est rangé à ma solution. Le ton de son interpellation est péremptoire. La femme, surprise, s'arrête brusquement. Son compagnon la fauche comme il faut.
Ils sont à vingt mètres de nous : Monsieur se remet debout en catastrophe et aide sa compagne, qui se plaint du dos, à rechausser. Ils nous rejoignent à petite vitesse :
- Vous... vous avez besoin d'aide ?
Jean-Pierre, d'un geste autoritaire, balaie les Périades avec son bâton :
- La brèche Puiseux, c'est laquelle ?
- La... quoi ?
- La brèche Puiseux, nom de Dieu !
Nos interlocuteurs se regardent, pris en faute.
- Heu...
- Vous avez une carte au moins ?
- Ah ça ! nous avons ! dit la femme, soulagée.
Monsieur approuve et sort un porte-carte de son anorak.
- Elle est toute neuve !
Madame ouvre de grands yeux et fait des signes de tête à son compagnon.
- C'est bon pour cette fois, dit Jean-Pierre après avoir mis un certain à se repérer.
“... attendez... vous arrivez d'où ?
- Heu... de la rimaye du Mont-Mallet...

- C'est pas ce que je veux dire ! Vous êtes partis de quel refuge ? du refuge de Leschaux ?
- Non, non !... du refuge du Requin !
Je regarde Bertrand : s'ils arrivent du Requin, ils sont forcément passés devant notre campement.
Jean-Pierre a perdu de sa superbe :
- ... bonne neige, non ?
Les deux randonneurs approuvent avec un sourire coincé. Nous les regardons s'éloigner. Monsieur croise les skis au troisième virage et s'étale de tout son long. Sa compagne l'attend, tandis qu'il peine à rechausser. Leurs voix résonnent dans le grand silence de la montagne :
- J'te dis que c'étaient eux ce matin !... dit la femme, toute excitée.
- En tout cas, répond Monsieur, si lui est guide, moi je suis Jean-Claude Killy !
J'observe Jean-Pierre qui s'écrase le menton sur le sternum.
Il relève la tête, fulminant :
- Vous pouviez pas me le dire, espèces d'ânes, que j'avais la médaille ?

LE PINARD C'EST LE KÉROSÈNE DU GUIDE! QUAND Y'EN A PLUS... Y TOMBE!
CLING
CLING

Le voyage continuait en plein ciel.

Brian

Cela ne faisait pas cinq minutes que je connaissais Brian, qu'il m'entraînait dans sa chambre pour me présenter sa copine. Il travaillait comme plongeur à l'Hôtel du Glacier du Mont-Blanc. La belle dormait sur le canapé. La soulevant avec précaution, il s'était assis sur une chaise.

- Elle est de 1958 !

Avec sa robe café au lait et ses belles rondeurs, elle avait en effet bien le look de l'époque.

- C'est un Canadien qui me l'a vendue !... Il avait plus un rond pour rentrer chez lui... attention, c'est une *Gretsch* authentique !...

Du bout des doigts, il avait enchaîné les premiers accords de *Brown Sugar*.

Nous avions pris la route après la saison d'été, avec les "cousines Gretsch", comme nous appelions nos deux guitares, sagement installées sur la banquette arrière. Brian me racontait son épopée avec un groupe de rock planant savoyard, baptisé

La DCA, la *Diots Cosmics Armee*, avec qui il avait essayé tous les produits hallucinogènes du marché.
- Un coup, à la salle des fêtes d'Ugine, on a fait tout le concert en tournant le dos au public !... Y'avait que Bibi, un chien qui nous suivait partout, qui regardait les gens !... Alors çui-là, il était incroyable !... Il adorait ça, être sur scène : on l'attachait au pied du micro et il hurlait à la mort toute la soirée ! Un pataquès là-dedans ! À un moment, je pars aux toilettes, je tombe sur un mec un peu zarbi, maquillé comme une gonzesse, il me montre des petites pilules bleues, le top qu'il disait... Vlan !... J'ai tout avalé d'un coup !... l'autre, quand il a vu ça, il a pris peur, y s'est barré ! Deux secondes après, j'étais dans la stratosphère ! Impossible de retrouver la scène ! C'est Bibi qu'est venu me rechercher, en traînant le pied de micro ... ce délire !
Nous avions passé la frontière espagnole au Col du Perthus, rejoint Lérida, et pris la route de Huesca. Brian faisait le disc-jockey en se roulant des clopes. À intervalles réguliers, nous nous arrêtions dans un bar pour boire une bière.
La nuit était déjà tombée quand nous découvrîmes les tours des Mallos de Riglos, leurs formes invraisemblables se découpant sur le ciel étoilé.
- C'est ça ?

J'approuvais de la tête. Brian se tut pour la première fois depuis le départ.

Blas et Rafi, gardiens du refuge de la Peña, nous accueillirent avec leur gentillesse habituelle. En voyant nos guitares, Blas me demanda :
- *Mañana, por la tarde, concierto para mi hija ! Si ?*
Mon espagnol était plutôt rudimentaire, et celui de Brian se limitait aux refrains de quelques chansons style *Viva l'España*.
- *Claro ! claro !* approuvai-je.
- Qu'est-ce qu'il dit ?
- Demain soir, il voudrait qu'on fasse un concert pour sa fille.
- *Ah ! ah ! La Música ! la Música !* avait lancé Brian, levant sa canette, *la Música !*
Sa prononciation du mot "música" était impeccable.
Rafi, impressionnée, me fit remarquer que mon ami parlait très bien l'espagnol. J'étais un peu vexé. Elle lui bombarda une salve de mots, au débit ordinaire du pays.
Pas déstabilisé pour un sou, Brian l'écoutait en approuvant de la tête. Il finit sa bière d'un trait :
- *Ah, la Música !*

Le soleil était déjà haut quand les Mallos de Riglos

réapparurent, à un détour de la route, dans notre champ de vision. Brian me racontait l'entrée sur scène de Keith Richards au Zénith. Il marqua une pause. Les Mallos, tours oranges et rouges d'une hauteur de trois cents mètres, ont l'air de se pencher sur le petit village de Riglos, qui n'en mène pas large. J'indiquai à Brian la tour centrale, le Mallo Pison :
- On va commencer par celle-là.
Mon compagnon resta un long moment silencieux.
- C'est des aigles ? finit-il par demander.
De grands oiseaux allaient et venaient le long des parois.
- Non, des vautours.

Nous stationnâmes la voiture à l'entrée du village. Les ruelles étroites qui conduisaient au départ des festivités étaient désertes. Après la dernière habitation, levant les yeux, mon compagnon émit un long sifflement :
- Vains dieux !...
Le Mallo Pisón était là, juste devant nous : il fallait tirer la tête bien en arrière pour parvenir à voir le ciel, au-delà de cette Tour de Pise infernale.

L'ascension commençait par une raide pente

d’herbes et d’éboulis, où paissait un petit troupeau de chèvres.
- *Arriba ! arriba !*
- *Vale ! vale !*
Des éclats de voix nous arrivèrent aux oreilles. J’aperçus des grimpeurs dans la voie Pany-Hauss, celle que nous devions escalader. Plus nous nous approchions, plus j’en voyais ! De véritables grappes pendaient aux relais. En bas, un imposant rassemblement faisait la queue, tous habillés de la même couleur : kaki.
- Manquent plus que les chars d’assaut ! commenta Brian.
La voie Pany-Hauss, la moins difficile de Riglos, commence par une profonde cheminée haute de deux cents mètres, jusqu’à un petit col. De là, quatre-vingt mètres d’escalade extérieure, très aérienne, permettent d’accéder au sommet du Pisón. J’observai le champ de manœuvres : les troupes se contentaient en fait de monter jusqu’au petit col et redescendaient ensuite dans la cheminée en rappel.
- On peut essayer de doubler, proposai-je à Brian.

Les militaires nous accueillirent avec des grands sourires et de sonores “*hola !*”
Ce qui les surprit le plus, c’est que les chèvres

nous avaient suivis. Répondant poliment à leurs mots de bienvenue, nous entreprîmes de nous frayer un passage en direction de la paroi, en essayant de justifier cette façon de faire très française :
- *Por favor !... Nosotros rápidos !*
Les chèvres continuaient de nous emboîter le pas. De plus en plus amusés par la scène, les soldats s'écartaient de bon cœur :
- *Y las cabras, rápidos también ?*
Ils formaient maintenant une haie d'honneur sur notre passage, nous encourageant avec des claques dans le dos :
- *Vale ! vale ! los rápidos !*
Parvenus au départ, je me dépêchai de sortir notre corde. Un beau rappel tout neuf, encore dans son emballage.

Le clocher de l'église sonnait onze heures.
De leur formation en colonne, les militaires étaient passés en position d'encerclement. Les chèvres en avaient profité pour occuper l'espace et s'étaient remises à brouter ; à l'exception d'une, la seule au pelage blanc, qui avait l'air d'être chef d'équipe et qui ne quittait plus Brian d'une semelle.
- Tout doux, la Blanquette ! protestait-il genti-

ment, l'animal essayant par tous les moyens de rentrer la tête dans son sac. Comme toute corde neuve, à peine sorti de son emballage, notre rappel avait fait preuve de beaucoup de mauvaise volonté. Le fait de vouloir aller vite n'arrangeait rien. Brian eut beau venir à mon secours, les choses ne firent que s'envenimer. Une horreur. Au bout de vingt minutes d'agitation désordonnée, nous nous retrouvâmes chacun à un bout de la corde, séparés par un monstrueux plat de spaghettis. Notre nom de guerre, *los rápidos*, étaient sur toutes les lèvres.
Une petite note aigrelette s'éleva dans l'air.
Blanquette avait profité de l'absence de Brian pour faire l'inventaire de son paquetage : chaussettes sales, l'Intégrale des Rolling Stones, paquets de tabac... Elle venait de dénicher son harmonica.

La cloche annonça onze heures trente. La suite des événements travaillait au corps mon compagnon, qui avait réussi à s'éclipser en douce à la recherche d'un petit coin. Son admiratrice ne fut pas dupe longtemps. Elle releva soudain la tête, constata l'insupportable disparition et partit en bêlant, ses congénères sur les talons. Quand Brian revint, son rouleau à la main, la file de chèvres était docilement rangée derrière lui.

Les militaires avaient repris le cours normal de leurs activités. Une ribambelle de cordées attendaient leur tour au pied de la voie.
- On pourrait casser la croûte ? suggéra Brian.

Les douze coups de midi accompagnèrent notre départ officiel. Par une variante à droite, nous éviterions l'encombrement du départ.
Dès le premier *panza* - petit surplomb en forme de ventre - Brian me demanda d'attendre. Il avait complètement lâché l'assurance et s'employait, avec l'aide enthousiaste de Blanquette, à démêler un énorme nœud.

L'ambiance aux relais était très amicale. Ceux qui montaient, congratulaient ceux qui descendaient, lesquels encourageaient ceux qui montaient. On nous présentait, Brian et moi, comme *los rápidos*, avec juste ce qu'il fallait d'ironie dans la voix.

D'un point de vue géologique, la roche des Mallos de Riglos porte le nom appétissant de "poudingue" : un conglomérat de galets plus ou moins bien enchâssés dans de la terre rouge.
Toutes les dix secondes, une pierre transperçait l'air en sifflant.
- *Viva la muerte !* nous cria un de ceux qui descen-

daient, en donnant des petites tapes sur nos têtes nues (eux étaient tous en casque lourd). Brian sortit sa casquette Kronenbourg.

Les talkies-walkies annoncèrent la Libération alors que nous étions au cinquième relais. L'armée espagnole avait faim. Des coups de sifflets montèrent de la base, déclenchant aussitôt une avalanche de cordes, de galets et de semelles Vibram.
Quelques instants plus tard, nous aperçûmes, avec un certain soulagement, une cohorte indisciplinée dégringoler le raidillon vers le village.

Nous atteignîmes le petit col à trois heures.
La vue sur l'immense plaine qui entoure les Mallos était splendide. Le Río Gállego déroulait ses méandres argentés au milieu des plantations d'amandiers et d'oliviers.
- Ça a de la gueule ! souffla Brian.
" ... mais je suis complètement sec !..."
Son vécu d'alpiniste se limitait à la falaise-école de Marlens, près d'Ugine. Une strate d'à peine trente mètres de haut. J'avais peut-être visé un peu haut en commençant notre périple par Riglos, le site d'escalade le plus impressionnant d'Europe.

Nous fîmes une longue pause. Quelques vautours

passèrent au ras du col, poussant des cris gutturaux quand ils découvraient notre présence.
- Combien y reste ?
- Quatre-vingt mètres.
- Trois fois Marlens...
J'hésitais à lui dire que ces quatre-vingt mètres étaient, et de très loin, les plus vertigineux. Jusqu'à présent, nous nous étions élevés au fond de la cheminée, à l'abri du vide en quelque sorte. Seules les maisons, de plus en plus petites, donnaient une idée de la hauteur. De là où nous étions, le voyage continuait en plein ciel. Et ce, dès le début, par une longue traversée à l'aplomb de la face sud du Pisón, tellement surplombante qu'on ne la voyait pas (on ne percevait sa présence qu'intérieurement, au niveau viscéral).
Je me souvenais que l'escale avant le mur final était aussi un modèle du genre. Petites particules étincelantes, les gouttes de sueur du grimpeur tombent droit sur le village, trois cents mètres plus bas.
- Pas de sommet... pas de bière ! déclara Brian avec courage.

Arrivé au fameux relais, mon coéquipier se colla au rocher comme s'il voulait rentrer à l'intérieur.
- C'est quand même pas pareil qu'à Marlens...

- Après ce petit surplomb, c'est gagné !

La corde se tendit brutalement alors que je n'étais plus qu'à vingt mètres de la cime. Vingt mètres de marche plus que d'escalade. Un vent violent interdisait toute communication entre Brian et moi. À quatre pattes sur une pente d'éboulis, avec, comme unique point d'assurance accessible, un buisson malingre, je réalisai que j'étais monté trop haut : j'aurais dû installer mon relais dix mètres plus bas, au dernier piton.
Il fallait redescendre.
J'amorçai un pas en marche arrière.
Un hurlement épouvantable jaillit du gouffre. La dernière parole de Brian avant longtemps. Immobilisé tout près du but, je n'avais d'autre solution que d'attendre. Le premier quart d'heure passa relativement vite : je m'accroupissais de temps à autre pour que la corde appuie sur le sol, et réduire ainsi sa tension.

Le quart d'heure suivant fut un inutile monologue emporté par le vent : questions, conseils, encouragements, ordres, noms d'oiseaux... (un vautour tournait d'ailleurs au-dessous de moi, au niveau approximatif où devait se trouver Brian).
Aphone, congelé, voyant le soleil décliner à l'hori-

zon, je me décidai à agir quand mon arbuste, déraciné, me resta dans la main. Tant pis si ça gueulait en bas, il fallait redescendre jusqu'au piton. Et, de là, hisser Brian.

Y-avait-il eu transmission de pensée ? Au moment où j'allais tenter la retraite, la corde se détendit. Je partis au pas de course vers le sommet. La corde venait si vite que je me mis à imaginer le pire. Le cauchemar du premier de cordée : le bout de la corde qui remonte tout seul. Le cœur battant, tirant la corde à grandes brassées, j'aperçus enfin une casquette Kronenbourg de travers.
Brian apparut.
Il se redressa, jeta un coup d'œil angoissé dans l'abîme, puis se mit à courir vers moi comme s'il avait le diable aux trousses.

Ayerbe est une jolie petite bourgade commerçante de la province de Huesca. À l'entrée du village, côté nord, on trouve un vrai bar espagnol : avec machine à sous, télé à fond, cinq centimètres de mégots sur le sol et un mètre de fumée collée au plafond. L'heure de pointe est à la tombée de la nuit. Un gros à moustaches officie derrière le comptoir, l'air jovial mais digne.
Tous les âges sont représentés. Les plus jeunes se

tiennent près de l'entrée, vont et viennent dans la rue. Les portières des voitures claquent. Dc jolies filles arrivent et repartent aussitôt. Les vieux sont au fond, sous la télé. Ils alignent les verres de rouge, et, les jours de chance, les citrons ou les oranges de la machine à sous.

J'expliquai tout ça à mon copilote, sur la route entre Riglos et Ayerbe. Il me répondait en hochant la tête : depuis son cri de la mort dans la paroi, il n'avait plus prononcé un mot. La descente, délicate, avec sept rappels, dont le dernier de nuit en fil d'araignée, n'avait pas arrangé son état de forme. Nous avions traversé le village de Riglos dans un silence seul troublé par les tintements de clochettes et les "mêê !" de félicitations de Blanquette et ses copines.

- La bière, ça se dit *cerveza*. *Grande* pour un demi. *A la caña*, si tu veux une pression. *Otra* pour une autre... les toilettes, c'est *servicios*. Mon cours d'espagnol pratique se termina alors que nous entrions dans Ayerbe. Je garai la voiture, très inquiet, devant notre oasis : pas d'autres voitures, pas de *chicas* qui riaient dans la rue, pas une lumière...
Je n'eus pas besoin de traduire à mon compagnon l'écriteau accroché sur la porte. La mine résignée,

Brian était sorti de l'auto. Il traversa la route, orientant ses pas vers une fontaine de l'autre côté. La célèbre formule de Martin, un grimpeur des années soixante, me revint à l'esprit :
- "On va quand même pas abîmer une si belle soif avec de l'eau !..."

Si l'autre bistrot, au centre du village, n'était pas encore fermé, il était sur le point de l'être. Nous dûmes nous glisser sous la grille métallique qui barrait l'entrée. À l'intérieur, les chaises étaient déjà rangées sur les tables, les tabourets sur le bar. Le barman finissait de balayer. Un cliquetis de mousquetons lui annonça notre présence : Brian n'avait pas quitté son baudrier. L'homme se tourna vers nous et ausculta mon compagnon de la tête au pied.
- *Por favor señor, esta possible de beber ?*
Sans répondre, l'homme appuya son balai contre le mur et fit le tour du comptoir. Un visage fier apparut entre les tabourets :
- *Que quiere ?*
- *Dos cervezas, por favor !*
- *Grande ?*
- *Muy grande!*
La première gorgée de bière de Brian fut d'une contenance exacte de cinquante centilitres. Il par-

vint à émettre un premier mot à la troisième.
Il avait écarté les bras comme s'il allait s'envoler :
-... vautour !...
De la mousse apparut aux commissures de ses lèvres. Il essayait d'imiter le souffle caractéristique du vautour en vol plané :
- Pfff !...
Le barman l'observa d'un œil sévère.
À la cinquième bière, il devint un peu plus loquace. Se retrouvant en bout de corde, Brian avait quitté le relais et s'était élevé jusqu'au surplomb. Il mimait la scène en même temps, permettant à notre hôte de se faire lui aussi une idée des événements. Les mains en l'air, crispées sur d'invisibles galets, Brian imitait l'expression du grimpeur en pleine bagarre, dont les bras tétanisent, et qui lâche prise d'un coup.
- Râââ !... hurla-t-il en partant en marche arrière dans la pièce.
Le barman ne s'attendait pas à ce dénouement et fit un bon de dix centimètres.
- Alors là !... j'me suis mis à tourniquer dans le vide...
Je lui demandai pourquoi il ne s'était pas accroché à un spit.
- J'allais le faire... vains dieux, d'un coup...
Il simula une nouvelle dégringolade.

- AHAHAH !...
Je reconnus clairement son cri sous le sommet. Le verre qu'essuyait notre vis-à-vis explosa sur le carrelage.

Avec la septième bière, Brian avait retrouvé toute son aisance d'élocution :
- Vains dieux !... Je sais pas combien de temps j'ai tourniqué comme ça !... ça me donnait un mal de mer !... J'ai fermé les yeux... ouah...
En état de léthargie, il tournait maintenant sur lui-même, comme s'il dansait un slow.
Derrière les tabourets, le visage du barman s'était un peu radouci.
- Je rouvre les yeux...
Deux grandes soucoupes terrorisées.
- AHAHAHAH !
Les bras grands écartés, il était reparti en vol stationnaire :
- Le vautour ! Vains dieux !... À un mètre de moi ! qui me regardait droit dans les yeux ! P... !... J'ai chopé la corde, deux secondes après, j'étais au-dessus du surplomb !

L'addition arriva sur le comptoir.
En ornithologue averti, Brian m'expliqua, qu'en fait, le vautour n'avait pas apprécié du tout de le

voir *en l'air*. Qu'en l'air, il était en quelque sorte *chez lui*. Dans son élément.
- Tu comprends, les vautours, tant que t'es accroché à ta falaise, ils s'en foutent de toi, t'es pas chez eux... Mais si jamais tu commences à venir te balader dans leur quartier, c'est plus la même, t'es un concurrent !... C'est l'attaque rangée !... Y perdent pas de temps en présentations !... À côté, la *Royal Air Force* c'est...
Nous nous retrouvâmes dans le noir.
Seule une petite veilleuse était restée allumée, au-dessus de la sortie. Tandis que nous nous orientions vers la porte, Brian reprit :
- Vains dieux ! J'ai vu le moment où j'allais finir comme Tintin dans *le Temple du Soleil* !... Allez, écartez-vous ! c'est Brian qui survole Riglos, pendu à son vautour !... Pffff !...

Il régnait dans la voiture une délicate odeur de chèvre.

Nous avions soupé avec les gardiens et Sofi, leur fille âgée de cinq ans. Les cousines Gretsch avaient été conviées à table après le repas.
Brian trouvait le petit rouge très à son goût. Il se lançait dans de grandes tirades en espagnol, langue d'une simplicité enfantine où il suffisait d'ajouter

“ar” aux verbes et “os” à tous les autres mots.
Street Fighting Man, Midnight Rambler, Sister Morphine... ce n’était peut-être pas à ce genre de berceuses que s’attendaient Blas et Rafi, mais la petite avait l’air ravi.
Brian, entre chaque morceau, réclamait du vin :
- *Ah ! ah ! la música !... donnar soifos ! A buvar por favor ! buvar el vinos ! Buvar ! Ah ! Ah ! Buvar !...*
Pour ça, question buvard...

Au bord d'un beau petit lac, sous la face nord du Mont Temple.

Mes Carnets du Vertige

J'ai participé à une seule expédition. Pas une grosse expédition avec sherpas, cordes fixes, camps avancés et rapatriement sanitaire, mais une expédition quand même, tributaire, comme toutes les expéditions, des petits tracas de la vie en communauté.

Nous étions quatre : Bertrand, Guy - un boucher ami de Bertrand - Bitos - un ami de Guy - et moi. Guy, responsable de l'intendance, avait été logiquement bombardé chef d'expédition.
Notre objectif : les Montagnes Rocheuses canadiennes. Bitos et moi descendrions à skis les couloirs les plus vertigineux. Bertrand et Guy nous filmeraient. Assurés qu'à notre retour nos exploits seraient projetés dans les salles de cinéma du monde entier, nous n'avions pas mégoté sur la qualité du matériel cinématographique : caméra 16 mm Paillard-Bolex, avec tourelle trois objectifs, un modèle à manivelle spécial grands froids, et films négatifs, certes beaucoup plus coûteux, mais

permettant de multiples copies. Bitos me surprit une première fois à l'aéroport de Lyon avec ses skis : des “compacts”. Pour les non-initiés, si l'on fait une comparaison entre le ski extrême et la Formule 1, descendre des pentes à plus de cinquante degrés avec des skis compacts, équivaut à se présenter au départ d'un Grand Prix au volant d'une 2 CV. Comme tout bon expéditionnaire, je tenais un carnet de bord au jour le jour. Le lecteur me pardonnera le ton naïf et un peu exalté, propre à tous les témoignages sur les grandes aventures humaines, auquel ces notes n'échappent pas.

Mardi 4 octobre, 22 h

Nous voici à l'aéroport de Calgary, Alberta. Première tuile : un sac manque à l'appel, celui qui contient toutes les cordes. Avons loué une voiture : une superbe Chrysler blanche. C'est moi le chauffeur ! Il y a beaucoup de circulation. Au premier carrefour, je m'arrête normalement au pied du feu rouge. En fait, ici, les feux rouges sont placés de l'autre côté de la route. Je suis donc arrêté en plein milieu du croisement ! Il m'a fallu aussi deux cents kilomètres - en veilleuses - avant de trouver les feux de route. Il faut actionner un petit bouton sous le pied gauche.

Arrivons à Banff au milieu de la nuit.

Mercredi 5 octobre

Bonne, la bière canadienne ! Si Bitos a la même descente en skis, les Rocheuses n'ont qu'à bien se tenir !...

Avons téléphoné à l'aéroport : pas de sac.

Jeudi 6 octobre

Un peu mal aux cheveux ce matin. Repérage en voiture jusqu'à Lake Louise. N'avons pas vu grand chose car le temps est médiocre. Bitos n'est pas venu avec nous.

Pas de nouvelles du sac.

Samedi 8 octobre

Cela fait maintenant deux jours que nous tournons en rond dans Banff à attendre ce maudit sac. Tout le monde nous connaît. Hier soir, on a passé la soirée dans un nouveau bar : tous les clients portent des chapeaux de cow-boys. C'est rigolo, quand on commande une bière, ils en servent deux. Quand on en commande deux, ils en amènent huit... et ainsi de suite. Bitos, qui ne connaissait pas la règle du jeu, en a commandé huit d'entrée. Il a fallu changer de table pour pouvoir tout poser. On s'est fait un copain québécois. Un violoniste. Il boit comme un trou. Quand on a essayé de se lever pour partir, il nous a dit : “alors, les gars, y'a du vent dans le panier ?"

Lundi 10 octobre

C'est un grand jour ! Le service des réclamations de l'aéroport nous apprend que notre sac a été retrouvé. Il a fait un détour par Bombay. Il arrivera demain. On fête ça !

Mardi 11 octobre

Nous montons installer notre camp de base au bord d'un très beau petit lac, sous la face nord du Mont Temple.

Nous redescendons à la ville, juste avant la nuit, chercher le reste du matériel. Dernière soirée en pays civilisé.

Jeudi 13 octobre

Installation définitive au camp de base.

Vendredi 14 octobre

Première nuit au camp de base.

En fait, pour Bitos, ce sera aussi la dernière (note après relecture).

Les bières ont gelé.

Samedi 15 octobre

Il fait tellement froid que nous passons notre

temps à couper du bois et à nous occuper du feu. Ce matin, Guy a bien failli être immolé. Il était parti chercher des petites branches pour rallumer le foyer. Entre temps, Bertrand avait vidé dessus un litre de pétrole, puis était aussi parti chercher du petit bois.
Quand Guy, à quatre pattes, a allumé son briquet, on a entendu "wouf !" et une flamme d'un mètre cinquante a illuminé tout le campement. Sa barbe en a pris un vieux coup. Bitos, qui est redescendu hier parce qu'il avait mal au ventre, n'est pas remonté aujourd'hui.
Nous en parlons ce soir autour du feu, en espérant que ce n'est pas grave.

Lundi 16 octobre

Avons passé le week-end à la ville.
Bitos va très bien. Il nous rejoindra demain parce qu'il avait un coup de fil à passer.

Mardi 17 octobre

Nous attendons Bitos pour tenter un gros coup.
Il est déjà tard.
Ça m'étonnerait qu'il monte aujourd'hui.

Mercredi 18 octobre

Pas de Bitos.

Jeudi 19 octobre

Catastrophe ce matin. Notre garde-manger a été dévalisé par des bêtes (des ours ?). Il était pourtant suspendu entre deux arbres.

Nous sommes obligés de redescendre à la ville.

Lundi 23 octobre

Nous voici de retour au camp de base. Bitos a de nouveau mal au ventre. Il est resté en bas, avec le violoniste québécois.

Mardi 24 octobre

Il neige depuis hier soir. Avons passé la journée dans la tente à boire des bières.

Mercredi 25 octobre

Grand beau.

Vendredi 27 octobre

Ce soir, nous descendrons à la ville pour nous refaire une santé et prendre des nouvelles de Bitos.

Lundi 30 octobre

Guy, Bertrand et moi partons pour le massif des Ten Peaks. Bitos, qui ne se sent pas encore complètement remis, nous a promis de garder le camp de base pendant notre absence.

Avons remonté, à la tombée de la nuit, un couloir, qui porte le nom poétique de "3-3 et demi".
Au sommet, une petite cabane très confortable.
Au moment où j'écris ces lignes, Bertrand et moi sommes vautrés dans nos duvets avec une bière.
Guy, qui est vraiment un excellent cuistot, est aux fourneaux. Il nous raconte des histoires sur les ours, qu'il a lues dans un livre de Frison-Roche.
Ceux qui craignent, c'est les grizzlis. Ils attaquent les campeurs la nuit dans leurs tentes !

Mardi 31 octobre

Nous descendons, joyeux, fêter notre succès à la ville.
En passant à notre camp, n'avons pas trouvé Bitos.

Jeudi 2 novembre

Des tensions ce matin avec Bitos.
Il nous reproche de l'avoir abandonné tout seul au camp de base.
Il nous avoue qu'il n'y est pas resté.

Samedi 4 novembre

Ce soir, nous nous retrouvons, Guy, Bertrand et moi, dans une petite cabane sur l'arête du Mont Victoria. Bertrand et moi dans nos duvets à boire des bières, et Guy qui mijote une fricassée de

champignons - lactaires délicieux et grisets, les mêmes que chez nous - que nous avons ramassés en chemin.
Guy nous raconte de nouvelles histoires de grizzlis qu'il a lues dans un autre livre. Ils ont des griffes de vingt centimètres de long et certains sont devenus carnivores ! C'est des lions en trois fois plus gros... Aux Etats-Unis, il est courant que des campeurs se fassent décapiter dans leur tente !

Lundi 6 novembre

Nos exploits font la Une du *Banff Crags and Canyons,* l'équivalent local du *Petit Ramoneur Savoyard.*
Monstre java.

Un peu jaloux et beaucoup pété, Bitos a commencé à dire qu'on le laissait à l'écart, qu'on faisait tout sans lui. Guy, en tant que chef d'expédition, s'est senti visé.
- On a monté et installé la tente de môssieu, on trimbale pour rien depuis un mois les skis de môssieu, les chaussures de ski de môssieu, et pendant ce temps-là, môssieu se saoule la gueule tous les soirs aux frais de la princesse !
- T'es salaud de dire ça !... tu crois que c'est agréable d'avoir toujours mal au ventre ?

- Un coup c'est le mal de ventre, un coup c'est le téléphone, re-le mal de ventre !.... je vais te dire, moi, ce que c'est, ton mal de ventre !...
- Ah, oui ? et c'est quoi ?
- Le mal des rimayes !

(La rimaye est la crevasse qui borde la base des parois, marquant le début des difficultés. À cet endroit, les alpinistes peuvent être atteints de toutes sortes de maux, rassemblés sous l'expression "mal des rimayes" et dont le symptôme le plus courant est une envie irréversible de faire demi-tour).
- T'es salaud de dire que j'ai le mal des rimayes !... alors que je me morfonds à vous attendre !...
- Ah ! là !... c'est vrai, ce que tu dis ! excuse-moi !... C'est vrai que pour avoir le mal des rimayes, faut au moins y aller, jusqu'à la rimaye !...
Bertrand s'est interposé avant qu'ils n'en viennent aux mains. Ça m'étonnerait que Bitos remonte demain.

Jeudi 9 novembre

Avons de plus en plus froid. Impression d'hiberner. Se lever, couper du bois, feu, café, recouper du bois, feu, dégeler les bières, du bois, feu, les boire, se coucher...

Vendredi 10 novembre

Cinquante centimètres de neige fraîche !... et des traces d'ours plein autour des tentes... des traces énormes !

Guy découvre aux jumelles que nous avons des voisins : un couple de grizzlis installés à moins de cinq cents mètres.

Démontons le camp sans tarder.

On va quand même pas abîmer une si belle soif avec de l'eau !

Le rappel le plus effroyable de ma carrière

Le duo hétéroclite que forment les cimes d'El Mallo Pisón et d'El Puro a un petit quelque chose, sous l'ardent soleil espagnol, de Don Quichotte et Sancho Pança. Mais des héros de Cervantès qui auraient échangé leurs habitudes alimentaires : le chevalier de la Manche avance au-dessus du village une belle bedaine, alors que son fidèle écuyer est atteint d'anorexie.

Depuis la route entre Ayerbe et le refuge de la Peña, après notre mémorable ascension du Mallo Pisón, j'avais montré à Brian la chandelle d'El Puro, notre objectif du lendemain. À cet instant, l'exigu sommet se découpait juste devant la lune. Brian s'était tu pendant plusieurs minutes.

Le lendemain matin, Blanquette et Compagnie nous avaient accompagnés en bêlant joyeusement jusqu'au départ de la voie. Pourtant, malgré toute l'affection qu'elles nous portaient, elles n'étaient pas restées. Un vent démoniaque s'engouffrait

dans le défilé entre le Mallo Firé et le Pisón. Notre nouvelle pâture ne supportait pas la comparaison avec l'autre versant, à l'abri du vent, chauffé par un soleil d'automne encore très généreux.
Brian et moi étions en T-shirt. Des petits nuages, défilant à toute vitesse, indiquaient que le vent était au moins aussi fort en altitude.
- On va s'envoler, là-haut !... avait dit Brian, une lueur d'inquiétude dans le regard.
Après lecture des plaques mortuaires fixées au pied de la paroi, hommages aux premières tentatives, nous nous engageâmes dans une longue cheminée, froide et mal équipée. Brian fumait cigarette sur cigarette pour essayer de se réchauffer.

Au cinquième relais, surprise ! les militaires !... Un, puis deux, puis trois ... toute la compagnie ! Ils redescendaient déjà, chaudement habillés, et nous mirent en garde.
- *Arriba ! Mucho frio !*
Apparemment, là-haut, ça pelait sec.
Quelques galets de belle taille nous passèrent en vrombissant au ras de la tête. Dans la longue gorge qui conduit à la base de la chandelle finale, le vent se précipitait en hurlant, nous donnant l'impression d'être dans le réacteur d'un Boeing 747.
Il n'y avait plus personne quand nous atteignîmes

la brèche étroite entre El Mallo Pisón et El Puro. Côté vent, c'était de la démence. Impossible de tenir debout sans se cramponner à quelque chose. Brian s'était arrimé à tout ce qu'il trouvait, craignant par-dessus tout de se retrouver en territoire vautours.
- T'en connais beaucoup des coins comme ça pour passer ses vacances ? beugla-t-il.
La longueur suivante m'occupa un bon moment. J'étais obligé d'attendre d'hypothétiques accalmies pour gagner du terrain. Le relais n'avait rien perdu du charme que je lui avais trouvé lors de ma première visite. On était toujours obligé de se suspendre en plein vide à des *pitonisas*, pitons coincés entre des galets par des bouts de cagettes.
Brian me rejoignit à la vitesse du vent.

Parvenu dans une petite niche vingt-cinq mètres sous le sommet, je criai à Brian qu'il nous serait impossible de poser notre rappel sur l'autre versant, l'itinéraire normal de descente. Le vent était trop violent. On redescendrait par le même chemin. Je lui dis de laisser du matériel au relais, pour qu'il puisse s'y accrocher au retour.
Quelque chose ne lui plaisait pas du tout :
- C'est moi qui vais descendre en premier ? hurla-t-il. J'approuvai de la tête :

- Oui, mais en moulinette !
Un long moment, son regard fouilla les gouffres insondables qui nous cernaient de toutes parts.
Sa mine s'allongea :
- En mobylette ?
La cime d'El Puro est minuscule.
Juste de quoi s'asseoir à deux personnes.
Tout autour, un vide sidéral.
Quand Brian arriva, nous nous serrâmes bêtement la main, et je lui fis signe de replonger illico vers le bas. Héroïque, il voulut quand même marquer son passage en ce lieu où il n'était pas près de remettre les pieds par une pose fanfaronne. Il était sur le point de se mettre debout quand une rafale d'une violence inouïe le balaya.
Il se transforma en drapeau vivant :
- Ah ! Pas chez les vautours ! pas chez les vautours !
Une fois Brian mouliné jusqu'au relais, j'installai mon rappel avec grand soin. Je reliai tous les points par une sangle et n'hésitai pas une seconde à sacrifier un mousqueton. Une dernière check-list et je me lançai, un peu crispé, dans le vide. Je n'ai pas souvenir d'un rappel aussi scabreux, toujours à la limite de partir en vol plané au-dessus de la face nord d'El Puro.
Je retrouvai mon compagnon avec une joie non dissimulée :

- Je m'en rappellerai de ce rappel !
Brian avait aussi retrouvé le sourire :
- Rappelle-toi que le rappelé n'a pas de poil !... ah ! ah !... le rat... pelé !...

Continuant de rire, il inspectait avec une curiosité grandissante ce qui restait de matériel accroché à mon baudrier :
- Elle est où, la sangle rose ?
- La quoi ?
- La sangle rose !
Je lui montrai le sommet :
- Désolé ! J'ai été obligé de la laisser là-haut !...
- Tu l'as laissée là-haut ?
Il n'allait pas me faire une comédie pour un bout de sangle.
- Oui ! J'ai posé le rappel dessus ! criai-je, agacé.
Une lueur d'effroi traversa son regard :
- T'as posé le rappel dessus ?
- Ben oui et alors ? tu aurais préféré que je saute ?
- Mais c'était la laisse de Bibi !
- La quoi ?
- La laisse de Bibi !
- Bibi ?
- Bibi !... mon chien !... c'était sa laisse !... Vains dieux !... t'as le moral !... Elle a fait tous les concerts de la *DCA !*...

Nous avions nagé à vive allure jusqu'à l'autre bord…

Michel et le canyon infernal

Michel et moi étions assez fiers de faire partie des premiers explorateurs de la vallée de Chamonix en matière de canyoning. Même si nous n'avions pas franchement tout compris à ce sport, en particulier au niveau équipement : en Sierra de Guara, haut lieu de l'activité - où l'eau était bien moins froide - les canyonneurs mettaient tous des combinaisons néoprène. Nous, nous jouions les canards dans de l'eau dépassant rarement les 2° C en short et en K-Way.

Cela ne nous avait pas empêché de réussir un joli coup : le torrent de Pesseux, à la frontière suisse. Une aventure qui avait failli mal tourner dès le premier rappel. Michel était resté coincé un très long moment sous une impressionnante cascade, gesticulant comme un beau diable, avant que je ne réussisse à dévier la corde de sa trajectoire.

Notre attention s'était alors tournée vers une évidence : les gorges de l'Arveyron, creusées par les eaux de la Mer de Glace. Par une belle matinée du mois de juin, nous avions parcouru toute la partie amont sans encombre. Un petit rappel d'une quinzaine de mètres nous avait permis de franchir la première difficulté, puis nous nous étions laissés descendre tantôt sur une rive, tantôt sur l'autre, sur du terrain facile. Le décor était enchanteur : l'eau avait une belle couleur jade et le granit était poli comme du marbre.

À la première étroiture, due à un énorme bloc qui bouchait le canyon sur toute sa largeur, nous étions passé de l'enchantement au désenchantement, pour ne pas dire à une certaine panique.
Après un petit rappel surplombant, pour franchir le bloc, nous nous étions retrouvés dans une petite mare, de l'eau jusqu'aux genoux. Le temps de rappeler la corde, nous en avions jusqu'à la ceinture.
- Putain !... L'eau elle a monté de deux mètres ! me dit mon compagnon, dont les origines marseillaises étaient incontestables.
Nous avions nagé à vive allure jusqu'à l'autre bord où un gros bloc émergeant nous accorda un court répit.
- L'océan Arctique, c'est un hammam à côté !

L'eau de la Mer de Glace méritait bien son nom. Nous nous retrouvâmes sur un nouveau verrou qui barrait tout le défilé. Après, c'était les Chutes du Niagara. Le torrent tombait à pic dans un fracas terrible et un intense bouillonnement d'écume.
Le niveau de l'eau montait à vue d'œil. Il nous sembla important de nous tenir à l'écart de la cascade, phénomène aquatique dont Michel n'avait pas que des bons souvenirs. La seule issue était une traversée à mi-hauteur de la paroi, rive gauche du canyon. Il y avait d'ailleurs un piton en place (nos espoirs de "première" en prenaient un coup).
De piton en piton, je progressais assez vite le long d'une belle fissure. Toutes les vingt secondes, Michel m'exhortait à me dépêcher. L'eau le cernait maintenant des deux côtés et il ne restait plus qu'une toute petite partie du bloc en surface.
Manque de chance, à moins de dix mètres du but, la fissure se perdait dans un mur lisse comme une vitre. Impossible d'aller plus loin. Il n'y avait pas d'autre solution que de descendre dans la grande vasque formée par la cascade et de finir à la nage.

Je fis signe à Michel de venir. Il ne se fit pas prier. La baignoire dans laquelle il trempait jusqu'au cou commençait à déborder. Malgré une généreuse dépense d'énergie dans la traversée, il arriva au

relais toujours aussi transi. Je lui expliquai qu'il devait descendre dans la piscine et nager jusqu'à la rive.
- ... tu... tu... me prends pour... pour... un... un ours po... polaire ?
Après avoir cherché longuement des yeux un moyen d'échapper à cette nouvelle immersion dans la banquise, il prit une profonde inspiration, leva une main en l'air : trois doigts, deux doigts, un doigt... go ! Je lâchai un maximum de mou, tandis qu'il plongeait dans l'eau tête première.
Il nageait tellement vite que je ne voyais pas ses bras. Le problème est qu'il restait sur place. Il n'avançait pas d'un millimètre. C'était imperceptible, mais il me semblait même qu'il reculait.
Comme une puissante tentacule, le mouvement de l'eau ramenait Michel vers la cascade... Il me jeta un regard hagard. Je ravalai le mou à toute vitesse. Quand la corde fut tendue, il tenta de s'y hisser à la force des bras : en vain, ses mains paralysées par le froid étaient incapables de serrer le mince fil de nylon. Pire, le poids de son sac rempli d'eau l'entraînait vers le fond... Il n'y eut bientôt plus qu'une touffe de cheveux à la surface.

De mon côté, pendu à un seul piton, ne pouvant prendre le moindre appui contre ma patinoire verticale, je me sentais terriblement impuissant. Je me laissai glisser le long de la corde et réussit à lui tendre la main.

Quand un chef d'état reçoit un invité, on mesure l'importance de celui-ci à la durée de leur poignée de main : je pris conscience, quand Michel serra la mienne, de tout l'intérêt qu'il accordait à ma visite. Cela faisait maintenant près de cinq minutes qu'il s'agitait dans cette eau à une température proche de 0°, et dont il avait adopté la couleur.
Hélas, un peu comme les promesses de paix israëlo-arabe, notre rencontre ne déboucha sur rien de concret, ne revêtant qu'une valeur symbolique. Je ne pouvais pas faire grand chose pour mon compagnon. Tout juste l'empêcher d'aller sous la cascade, goûter aux joies de la thalassothérapie méthode Mer de Glace. Il devait atteindre la rive par se propres moyens. Et vite.
Je lui arrachai son sac à dos, ce qui lui permit de respirer un bon coup, et lançai un nouveau décompte : trois doigts, deux doigts, un doigt... je relâchai la corde...

Michel, au lieu de nager, eut l'inspiration vitale de s'appuyer contre la muraille pour avancer. Après

quelques poussées énergiques, il fut happé par le contre-courant.
Il sortit de l'eau à toutes jambes. Je le vis voler jusqu'au sommet d'une belle dalle de granit orangé, au soleil, jeter son short et son K-way, et se mettre à danser le kazakhtchok.
J'ignorais que mon ami avait de telles facultés de mimétisme : de verdâtre, il devint rouge vif.

Des bohémiens des mers dont certains vivent encore dans des grottes…

Gondolier n'est pas un métier facile

La Thaïlande m'a permis d'assouvir un de mes fantasmes les plus inavouables : faire les marches d'approche en bateau. Dans le sud du pays, on trouve sur des petites îles d'étonnantes falaises, sculptées comme des portails de cathédrales, et auxquelles on ne peut souvent accéder que par la mer.

Le bleu des mers du Sud, les plages de sable blanc, la température de l'eau à 28°, avec François nous avions très vite compris que passer l'hiver là-bas, même si c'était moins lucratif que d'enchaîner des Vallées Blanches, avait aussi son charme. Nous organisions donc des stages d'escalade sous les cocotiers qui jouissaient d'un certain succès. Au bout de cinq ans, si nous n'étions plus très sûrs de savoir encore faire du ski, nous avions acquis un toucher de tong sur récif corallien digne des meilleurs *khap-rua*.

Les *khap-rua* composent une famille tout à fait à part dans la population thaïe du Sud. Ce sont les pilotes de curieuses embarcations, les longues-queues, pirogues d'une dizaine de places et dont l'hélice du moteur se trouve au bout d'une longue tige métallique pour les rendre plus maniables. Contrairement à la plupart des Thaïs, les *khap-rua* ne parlent pas un mot d'anglais. Cela ne les empêche pas de faire les *taxis-boats* d'île en île, ou de déposer les touristes en mal d'exotisme sur des plages secrètes, avec toutes les mauvaises surprises que l'on imagine en terme d'horaires ou de destinations. Il faut être âpre à la négociation car le *khap-rua* a l'anarque facile. Mais il faut être aussi suffisamment attractif pour qu'il n'oublie pas de revenir vous chercher sur votre île déserte... Des bohémiens des mers dont certains vivent encore dans des grottes, agiles, joueurs, malins comme des singes, d'une rare décontraction, et que les petites misères des touristes occidentaux - débarquement sur parterre d'oursins, cuisses braisées par le soleil, sacoche "j'avais tout dedans !" passée à la mer... - amusent beaucoup.

J'étais, ce matin-là, de bonne heure sur la plage de Phra-Nang. Quelques *khap-rua* tentaient d'attirer le client par de sonores "*Krabi ! Krabi !*", la ville la plus proche. L'un d'entre eux s'apprêtait à partir, un couple de jeunes déjà à bord. Je m'avançai dans l'eau jusqu'à l'embarcation, où le chauffeur m'accueillit avec un grand sourire. Un tour de manivelle, le moteur toussa une fois, deux fois, dégageant une épaisse fumée noire. Puis des explosions sèches, de plus en plus rapides se firent entendre, finissant à la vitesse d'une rafale de mitraillette. L'écho se propagea dans la grotte qui dominait la plage et nous nous enfuîmes sous le feu nourri d'un ennemi invisible.

Le Cap de Phra-Nang aussitôt passé, nous nous retrouvâmes en pleine mer. J'engageai la conversation avec le batelier, surpris de voir un touriste se débrouiller pas si mal dans sa langue. Il orienta assez vite la conversation sur ma connaissance des lieux et mon aptitude à conduire un longue-queue. Puis, satisfait de ma réponse, il me confia en riant la poignée de l'accélérateur et s'allongea dans le bateau. Trente secondes après, il dormait à poings fermés.
Je n'avais eu qu'une occasion de conduire un de

ces engins, et encore c'était pour tourner en rond dans une baie à l'abri des vagues. Surtout, mon idée de l'itinéraire pour rejoindre Krabi était très approximative, me souvenant juste d'un estuaire assez compliqué sur la fin, avec des bras de mer qui partaient dans tous les sens. Le doute se lisait-il sur mon visage ? Les deux jeunes, des Allemands, postés à l'avant, s'étaient retournés, sursautant en voyant leur pilote endormi, et me regardaient avec inquiétude. D'un geste souverain, le nouveau capitaine leur fit comprendre qu'il maîtrisait la situation.

Notre bateau filait vers le sud à vive allure. Les vagues n'étaient pas trop grosses et, au bout de quelques minutes sans incident, je me sentis gagné par une certaine confiance. Après une demi-heure de route, j'avais l'assurance d'un vieux loup de mer. Je n'accordai plus à la navigation qu'une attention distraite, perdu dans la contemplation des lointains rivages couverts de palmiers. Figure de proue romantique, les deux Allemands se bécotaient tendrement. Notre traversée prenait des airs de balade vénitienne.

Nous entrâmes dans l'estuaire de Krabi à fond. Je décidai de longer la rive droite. En croisant un bateau de pêche accosté, je jetai un coup d'œil goguenard aux pêcheurs qui était à bord : eux qui d'ordinaire n'accordaient pas la moindre attention aux petites embarcations, s'étaient arrêtés dans leur travail et suivaient d'un regard incrédule notre bolide pétaradant.

La première intersection apparut à l'horizon.
Je cherchais à deviner quelle direction prendre quand je vis passer quelque chose au ras de la coque. Un monticule de sable, à fleur d'eau. Je coupai aussitôt les gaz. Ce qui réveilla le chauffeur. Il se redressa, l'air un peu hébété, se frotta les yeux un long moment et regarda autour de lui. Son visage vira du jaune au vert. Il s'était mis debout sur une caisse pour mieux voir l'eau, et avait relancé le moteur. Au ralenti, le visage inondé de sueur, il louvoya plusieurs minutes dans le chenal avant que ses couleurs ne finissent par revenir. Puis il explosa de rire :
- Marée basse !
J'imaginai le valdingue des deux tourtereaux si nous avions percuté le banc de sable. Fini *Le Pont des Soupirs*, bienvenue dans *Le Peuple Migrateur...*

Le *khap-rua* n'avait jamais voulu que je le paie. Il m'avait même donné quelques *baths* pour que je lui achète un de ces rubans d'étoffe colorés dont les Thaïs parent leur rétroviseur ou la proue de leur bateau, comme une patte de lapin, pour faire fuir les mauvais esprits.

Le poids des mots...

Nœunœil en impose tellement qu'il est difficile de douter de ce qu'il dit. Ce qui est une erreur.

Nous étions partis avec douze élèves de cinquième et deux de leurs professeurs à la Mer de Glace. Il faisait un temps magnifique et Nœunœil avait bien recommandé aux enfants de ne pas oublier leur appareil photo. Tout excités, ils étaient montés dans le petit train à crémaillère qui rejoint le plus célèbre glacier du monde. Nœunœil menait les opérations tambour battant.

- Nous allons à la Mer de... ?
- GLACE !
- Pour voir les cre... ?
- VASSES !
- Avec nos grosses go... ?
- DASSES !

Au premier aiguillage, notre train s'arrêtant deux minutes, Nœunœil avait mis tout le monde sur le pied de guerre :

- 'tention !... Debout ! Appareils chargés ! À la sortie du prochain tunnel, à mon commandement, on va faire une pho... ?
- ... TO !
- Faudra pas vous endormir ! Vous n'aurez qu'une seconde : après, y'a des arbres qui bouchent la vue. Le train était reparti, tous les élèves en poste. Les deux professeurs et quelques touristes présents dans la voiture étaient aussi fin prêts. Le tunnel étant assez long, la tension montait. Nœunœil lança un ultime avertissement :
- ATTENTION !
Quelques flashs prématurés trahirent les plus nerveux. Un peu de jour entra dans la voiture.
- LÀ !
Le mitraillage fut digne du couronnement de la reine d'Angleterre. Un mur. Ils venaient tous de photographier un mur.
- Zut !...je me suis encore trompé de côté !... s'excusa Nœunœil, rayonnant.

Le lendemain, il pleuvait trop pour aller faire de l'escalade. Nœunœil avait déplié sur une table une carte du massif du Mont-Blanc. Les enfants s'étaient rassemblés autour.
- Ça, c'est le Mont... ?
- ... BLANC !

- Parce qu'il est tout...?
- ... BLANC !
- Et nous on est... ?
Son doigt tourna au-dessus de la carte dans un silence général.
- On est où ?
Ce tissu de lignes et de noms écrits en tout petit n'inspirait pas grand monde.
- Qu'est-ce qu'on pourrait faire, pour savoir où on est là-dessus ?
Zéro réponse.
- Kevin ?
- J'sais pas, m'sieur Nœunœil !...
- C'est pourtant simple !... on a qu'à bouger ! allez, Kevin, sors dehors et bouge les bras !...
Et Kevin était sorti pour qu'on nous voit sur la carte.

Nous passions nos vacances à la montagne, dans la vallée du Valgaudemar.

Dans la famille Alpiniste, je voudrais...

La mère

Un cri. C'est le souvenir le plus tenace que j'ai des incursions de ma mère dans l'univers impitoyable de la haute montagne. Pas un de ces cris qui vous fige sur place et dont les femmes ont le secret, non un cri continu, un peu comme une sirène d'alarme de voiture, qui planait au-dessus des glaciers, repris par l'écho, et qui se déclenchait dès qu'on sortait la corde du sac.

Nous passions nos vacances à la montagne, dans la vallée du Valgaudemar. Mon père nous rejoignait le week-end. Comme ma mère ne supportait pas de nous laisser partir seuls, mon frère et moi, à la conquête de ces belles qui jouissaient d'une très mauvaise réputation, elle s'était résignée à venir avec nous.

Je me souviens en particulier d'une tentative au Pic des Aupillous. J'avais trouvé l'itinéraire d'ascension parfait, aux jumelles, depuis le camping (ignorant qu'il y avait des livres très bien faits pour ça). Ô époque dorée, où nous étions au pied des montagnes comme les premiers navigateurs devant l'océan !

Nous avions campé à la limite des alpages. Après un copieux petit déjeuner, nous nous étions mis en route sur le coup des neuf heures et demi-dix heures, l'heure à laquelle les alpinistes sont déjà redescendus. Nous avions fini par atteindre, très émus, les neiges éternelles. Une petite bataille de boules de neige - elle était bien molle - et nous avions chaussé nos beaux crampons tout neufs. Denis, mon frère, avait sorti la corde.
(Bruiteur, sirène s'il vous plaît !)

La première partie du glacier était débonnaire. Fidèles à mon schéma tactique, nous orientâmes nos pas vers un raide et large couloir, que j'avais soigneusement étudié et qui débouchait tout près de la cime. Toute la face profitait d'un bon soleil. Une petite pierre dévalant de mon couloir vint se planter dans la neige juste à côté de nous. Le cri de ma mère s'interrompit :
- Qu'est-ce que c'est que ça ?
- Heu... rien... c'est juste un caillou... ça doit être des gens là-haut qui nous l'ont lancé !... pour nous

dire bonjour ! Le fait qu'il puisse y avoir d'autres personnes que nous dans la montagne la rassurait toujours, même si, là où nous étions, et surtout à l'heure où nous y étions, il y avait très peu de chance de croiser âme qui vive.

La partie centrale du couloir était entaillée par une superbe goulotte, qui m'apparut offrir à l'évidence le passage idéal : directe, élégante, sa forme encaissée lui donnant un petit air protecteur qui plairait à la mère. Confiant dans les merveilles de la nature, à aucun moment nous ne soupçonnâmes que cette goulotte, c'était évidemment les dizaines d'avalanches quotidiennes et les incessantes chutes de pierre qui l'avaient creusée. Il n'était pas loin de midi. Après les anoraks, nous avions ôté nos pulls. La pente devenant soudain vraiment raide, mon frère avait mis Tatou, le chien, dans son sac. Nous gagnâmes deux cents mètres d'altitude sans que rien ne se passe. Nous étions alors dans une situation aussi stable que des quilles sur une piste de bowling un samedi soir.

- Attention !
L'alerte venait du bas. Mon frère, doté d'une vue perçante, avait aperçu un énorme bloc se détacher et fondre sur nous. La sirène doubla de volume.

Au prix d'une escalade sans grande coordination technique mais exécutée avec l'envie indiscutable de bien faire, nous réussîmes à nous extraire juste à temps de l'infernal déversoir.
Le bolide nous passa au ras.
- On redescend ! Vous m'entendez ? On redescend tout de suite ! cria la mère.
Le museau dépassant du sac, Tatou s'était mis à hurler à la mort pour lui donner raison. Quelques pierres, plus petites, sifflèrent dans les airs. Par une longue traversée, au pas de course, nous réussîmes à nous mettre à l'abri sur l'arête qui bordait la rive gauche du couloir. Machinalement, je lorgnai vers le haut.
- Tout de suite ! tu m'entends ? On redescend tout de suite !
Ce qui n'était pas forcément non plus une bonne idée. Le couloir était maintenant sous une pluie de projectiles de tous calibres. Au-dessus de nos têtes, il y avait un surplomb, puis le fil de la crête semblait offrir une ligne de progression assez évidente.
- Ce serait dommage de s'arrêter si prêt du but !
- Vous faites comme vous voulez, moi je redescends !...
Tandis que la mère entreprenait un délicat demi-tour, je tentai de me souvenir de l'argumentaire de

Louis Lachenal pour convaincre Lionel Terray de continuer dans la face nord de l'Eiger.
-"La seule solution, c'est de sortir par le haut", affirmai-je héroïquement.
- La seule solution, c'est de rentrer chez nous, oui !
Mon frère réussit à trouver un terrain d'entente entre mon fanatisme conquérant et les brusques baisses de régime de ma mère :
- Si on mangeait un morceau ?

La mère avait déballé du saucisson à l'ail, du pain, de la tomme du Champsaur et nous avions cassé la croûte accrochés à la pente. Notre situation nous sembla bientôt un peu moins désespérée. Un itinéraire de retraite logique, pas trop exposé, se fit jour juste sous nos pieds.

Deux heures plus tard, nous nous décordions sur le glacier. La sirène s'arrêta. Pour reprendre de plus belle : un building de cinq étages venait de s'écrouler au sommet du couloir, explosant en milliards de morceaux. Des blocs de tous calibres fondaient sur nous, dans un fracas terrifiant.
Nous restâmes couchés les mains sur la tête encore un bon moment après le bombardement. Puis nous reprîmes le chemin de la vallée, persuadés d'avoir vécu une journée d'alpinisme ordinaire.

Le père

Le week-end venu, la mère retournait à ses gamelles en poussant un “ouf !” de soulagement. Le père prenait le relais. Le père ne criait pas en montagne. Il n’émettait pas non plus l’envie pressante de redescendre au moindre imprévu. Non, son truc à lui, c’était la glissade. Sur le cul. C’était magique : dès qu’il posait un pied sur la neige, quelle que soit l’inclinaison de la pente, il volait les quatre fers en l’air, lâchait son piolet et partait en glissade sur les fesses.

Après avoir évité de justesse plusieurs drames, nous avions fini par nous adapter à cette singularité. À la montée, l’un de nous se tenait juste derrière lui, pour le guider, un peu comme un automate. À la descente, on le laissait dériver à sa guise au bout de la corde. Les rares fois où nous avions croisé des alpinistes, ils s’étaient largement écartés et avaient suivi notre équipage longtemps du regard.

En redescendant du Pic du Loup, les choses avaient tout de même bien failli tourner au vinaigre. Nous nous étions décordés, et zigzaguions en file indienne entre les barres rocheuses. À chaque fois que nous mettions le pied sur la neige, mon père partait illico en glissade et s'arrêtait avec plus ou moins d'élégance dans les pierriers.

En tête du cortège, mon frère fermant la marche, j'allais l'avertir de se méfier quand il aborda le dernier névé : celui-ci s'interrompait à l'aplomb d'une cascade verticale d'une bonne vingtaine de mètres de haut.
- Papa !
Fidèle à sa technique, il était déjà parti comme un lugeur olympique, le piolet laissé en souvenir au départ de la pente. J'étais idéalement placé sur sa trajectoire. Avant que je n'aie eu le temps de tenter quoi que soit, je faisais partie du voyage. Notre démonstration de luge à deux donna très vite dans le répertoire acrobatique : roulade, salto, vrille, rodéo... le tout à une vitesse exponentielle. L'envolée finale s'annonçait superbe.

Nous dûmes notre salut à une initiative de mon père qui, à la faveur d'une nouvelle figure, avait réussi à s'agripper à mon piolet - fait étonnant pour quelqu'un qui avait toujours considéré cet engin comme encombrant et inutile. Un sillage digne du *Titanic* se creusa derrière nous et le rythme de nos cabrioles se ralentit. Quelques ultimes secousses, et nous nous arrêtions, aussi ahuris que des automobilistes sortant indemnes de leur voiture après quinze tonneaux et trois glissières d'autoroute.

L'oncle

Sa sœur (ma mère) lui avait dit :

- C'est pas compliqué pour nous trouver : la voiture est garée juste devant la maison. Il était tombé un mètre cinquante de neige pendant la nuit. L'oncle Daniel était arrivé tôt le matin à Aiguilles-en-Queyras, où nous passions les vacances de Carnaval.

- Mais d'où que tu sors ? lui avait demandé la mère sur un ton de reproche, quand il finit par pousser la porte d'entrée.

- T'en as de bonnes, toi !... gna gna gna… tu verras c'est facile, la voiture est garée juste devant la maison... gna gna gna... y'a fallu que je déneige toutes les bagnoles de ce patelin à la con pour vous trouver !

Avant ce jour, l'oncle n'avait jamais fait de ski. Après non plus. Pour ne pas rater le spectacle, nous étions montés avec le frère les premiers au télésiège. Fidèles à leurs habitudes, les parents

firent une arrivée très réussie. Le père enroulé autour du pylone de retour et la mère restée plantée sur son siège en hurlant.
- Gare de Peynin, gare de Peynin ! Deux minutes d'arrêt ! lança la vigie, qui commençait à les connaître.
Enfin arriva l'oncle. Du grand art. Bien comme il faut, il avait relevé le garde-corps et s'était mis debout au moment où ses skis prenaient contact avec la neige. Il passa devant nous, raide comme la justice, en demandant :
- Et maintenant, je fais quoi ?
La pente l'absorba et, suivant miraculeusement l'unique trace de dameuse entre deux hauts murs de neige, il disparut derrière une cassure. On le retrouva beaucoup plus bas. Sa silhouette se découpait dans la couche de neige, exactement comme dans les dessins animés.

Un autre grand moment de la journée fut la montée au téléski. Après les figures classiques, à plat ventre, assis puis couché sur le dos, les skis croisés, transformé en bonhomme de neige vivant, il nous interpella.
- Au lieu de rigoler comme des baleines, les deux-là, vous pourriez pas plutôt me dire ce qu'il faut faire ?
- Faut attendre que la perche soit bien tendue !

- ... avec les skis en chasse-neige !
La tentative suivante aurait pu se passer à Mururoa. En plus de nos conseils douteux, deux énormes patins de neige s'étaient formés sous ses skis. Solidement campé sur les jambes, il avait ôté ses gants pour mieux tenir la perche et s'était arc-bouté en arrière. Le ressort se tendit, se tendit, se tendit. Trois, deux, un... go ! Il s'envola comme catapulté. En chaussettes. Skis et chaussures étaient restés sur place, sous le regard médusé du perchman.

Pour clore le tout, on nous annonça en fin d'après-midi par haut-parleur que le télésiège de retour ne fonctionnait plus.
- Ça, c'est le bouquet ! avait dit la mère.
- C'est quoi, cette piste de retour-station ? s'était inquiété mon oncle.
La piste de retour-station était une route forestière de cinq kilomètres, surplombant le torrent.
Le secouriste qui fermait la piste doit encore s'en rappeler. On avait tout essayé : d'abord le laisser glisser jusqu'à ce qu'il tombe, mais la présence du ravin rendait cette technique très risquée. Le tenir, mon frère derrière, moi devant, un convoi qui prenait tout de suite une vitesse terrible et qu'on ne pouvait arrêter qu'en fonçant dans le talus. Le

pisteur essaya même de l'encorder. La nuit tombait quand il se résigna à continuer, d'abord à pied, mais il enfonçait jusqu'au ventre, après, sur nos conseils, pendant quelques centaines de mètres à genou, pour finir en rampant.

La loueuse de skis avait eu la bonne idée de lui demander comment il avait trouvé la neige.
- Excellente, madame ! vraiment excellente ! un nectar ! et pour la quantité, rien à dire ! On se fout pas de la gueule du monde, ici !

Le chien
Cabochard, teigneux, hargneux, bagarreur, le roquet de la famille avait toutes les qualités pour faire un bon alpiniste. Dans le civil, c'était pourtant un chien plutôt paisible. Mais il suffisait qu'une grande manœuvre se dessine, qu'on sorte les sacs à dos, que la voix de ma mère monte d'un ton, et il devenait intenable.

Ne supportant pas d'être derrière, il prenait aussitôt la tête des opérations, et se ruait babines retroussées vers tout ce qui bougeait - branche de sapin ondulant au vent, papillon, randonneur à l'horizon - ou tout ce qui aurait dû bouger, rocher à la forme suspecte, poteau indicateur, vache impassible. Son heure de gloire sonnait si, par hasard, nous parvenions à atteindre le sommet. Lui, le bâtard court sur pattes, dominait la Terre entière. Il se mettait à aboyer dans toutes les directions, signifiant à toutes espèces vivantes, chiens, chats, bipèdes, que c'était désormais lui le chef de meute. Il y avait forcément toujours un écho pour lui répondre. Après quelques secondes d'écoute incrédule, il rentrait dans une rogne terrible. Son discours d'investiture s'emportait, fleurant bon l'adjudant de carrière. En guise de dernier argument, quand il ne sortait plus de sa gorge qu'un râle étranglé, il pissait contre le cairn sommital.

Le frère

Nous avions acheté une corde au marchand de cordes, un vendredi matin, sur le marché de Carpentras. Une grosse corde en chanvre, de vingt mètres de long.

Un jour où nous rôdions au pied des parois avec Roux, le copain de mon frère qui, à quatorze ans, était aussi barbu que Ribouldingue, nous avions entendu un martèlement régulier. À cette époque, les Dentelles de Montmirail - petit massif montagneux provençal formé de crêtes pleines de trous - étaient fréquentées par des alpinistes : des vrais, avec knickers, chaussettes rouges et chaussures de montagne.

Après avoir planté un piton, ceux-là avaient gagné le sommet de la Pointe des Marseillais. Ils étaient descendus sur l'autre versant.
Nous avions patiemment attendu, tapis dans les fourrés. Puis nous étions montés jusqu'au piton. Cognant avec une pierre, les doigts rapidement en sang, il nous avait fallu près d'une heure et demi pour arracher le précieux fétiche à la montagne.

À la tombée du jour, nous nous étions glissés au milieu des buis pour rejoindre nos vélos : Roux en tête, le piton ostensiblement pendu autour du cou, mon frère la corde à l'épaule, et moi, avec le bas des pantalons roulé jusqu'au genou.
Ce coup-ci, on en était.

Du même auteur, dans la même collection :

Le Port de la Mer de Glace,
Titanesque.

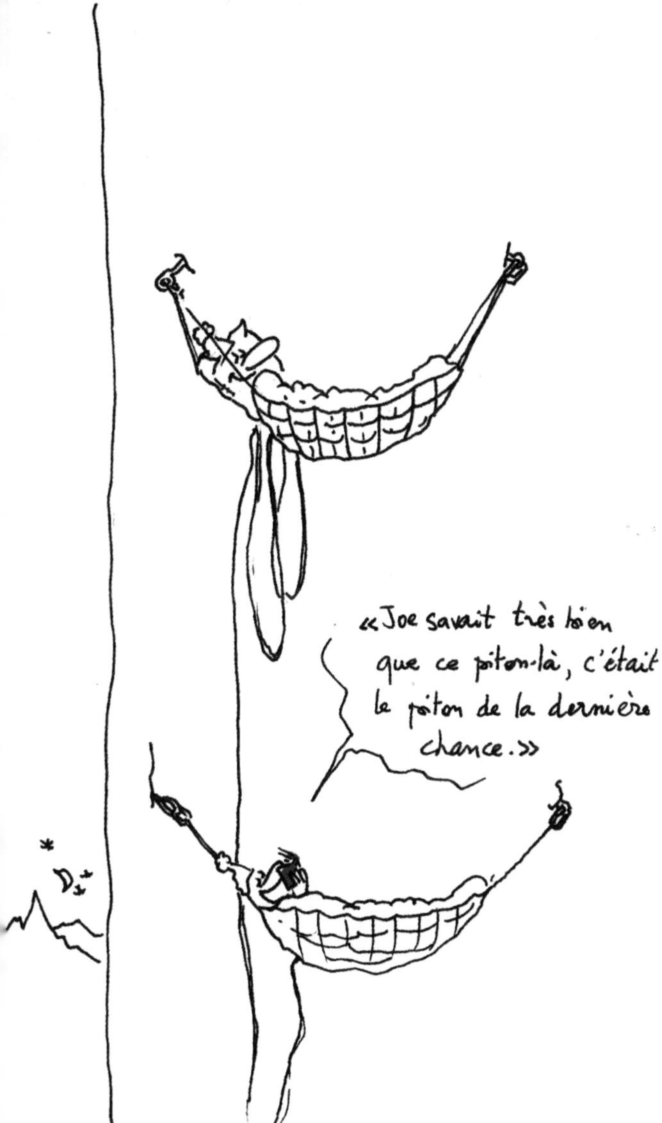
«Joe savait très bien que ce piton-là, c'était le piton de la dernière chance.»

Il a été tiré de cet ouvrage 3000 exemplaires
dont 1000 exemplaires numérotés.

Achevé d'imprimer 2ème trimestre 2003.
ISBN 2 911 755 67 7